ROMANCE NATIONALE

DU MÊME AUTEUR :

Mon fantôme, Fayard, 2023.

Mehdi Ouraoui

Romance nationale

roman

Fayard

Couverture : Cheeri
Photographie de couverture : © Polo Garat/Leextra

ISBN : 978-2-213-72738-7
Dépot légal : janvier 2025.

Pour France.
Nous nous sommes tant aimés !

La première partie de ce livre, intitulée *Mehdi est parti*, est une nouvelle écrite par le romancier et dramaturge à succès Reda Saladdin.

À l'été 2024, elle fut diffusée en huit épisodes sur France Inter.

Quelques jours après cette diffusion, Franck Lavallière, un ancien camarade de lycée, fit un retour inattendu dans la vie de Reda.

I
Mehdi est parti

1

Joséphine

J'ai rompu avec Joséphine.
Ou Joséphine est partie.
De toute façon ce n'est pas si grave, sauf pour le sexe quand même.
Le sexe extravagant qui joue à l'amour,
si on veut des grands mots,
ceux qu'on lance canailles et timides,
quand on prend du prosecco pour du champagne.

Faire plaisir, c'est souvent faire semblant.

Elle me fait jaillir, Joséphine,
et à mon tour aussi,
très fort,
comme un concert de cuillers et de casseroles
heureuses de leurs vies percutées,
« Mehdi, tu es mon grand tohu-bohu »,
rit-elle souvent,
enfin, parfois.

Elle l'a dit un jour, en tout cas,
c'est sûr, je crois.

Ça ne court pas les lits, les gens qui rendent la vie pétillante.

Joséphine est suave
comme une goutte caressant un verre de spritz.
Ses mots sont sapides.
Elle écrit de la New Romance.
Avec un succès fou,
des milliers d'exemplaires.
Sur la couverture des torses nus,
que s'arrachent des filles,
et des garçons aussi,
qui attendent le prince charmant et le prochain Bus/Métro/Train,
dévorant des histoires d'amour qui finissent bien.
Ça ne court pas les quais, les gens qui changent la grisaille en griserie.

Je ne sais pas vraiment si je suis chagrin
(j'observe les nuages),
j'hésite, comme un ciel de printemps.
Mon cœur est une veste de mi-saison.
À la terrasse bobo

où je sirote ma demi-peine et mon demi pêche,
tout est calme,
derrière mes lunettes oversize,
j'observe le serveur-libellule
survoler les tables nénuphars.
C'est quand même étrange
depuis tout ce temps que les gens se quittent,
que personne n'ait établi
de typologie du désastre amoureux.
Des tableaux, des courbes, des datas,
par dates, pays, âge et revenu,
On serait, quand même, moins perdus.
Je vérifie sur Internet s'il y a des livres
pour tourister sous toutes les latitudes
comment on oublie l'être aimé
pour souffrir comme on souffre
à Aden ou à Riga,
un *Lonely Planet* pour dépayser
sa mélancolie.

Je profite de ma solitude pour lécher de toute ma langue
la moustache blanche,
écumée sur ma lèvre ravie.
Mes ruptures n'ont plus le goût acide et violent de ma jeunesse,
diluées par les années,

ce n'est pas très original, le temps qui s'accélère,
le sang qui ralentit et transporte les humeurs avec indolence.
Les sentiments fusent toujours trop fort dans les artères neuves.

(Vieillir, c'est faire des phrases définitives pour conjurer la trouille du point final.)

La brise me contredit
de ses effluves francs et lourds.
L'acier de la machine à café, cuivré de marc,
la cire capiteuse du comptoir,
je reconnaîtrais même la bergamote dans l'aftershave du serveur,
si je connaissais l'odeur de la bergamote.

Tout me revient
comme à Paris les camions renversent les cyclistes :
sans prévenir, et sans s'excuser.

À notre premier rendez-vous,
je n'ai pas pris garde aux chuchotements,
trop occupé à retenir mon souffle,
à planquer mon ventre dans mon torse,
à tordre mes bras en sémaphores
pour attirer l'attention du serveur,

comme le noyé celle du maître-nageur,
sans dévoiler les auréoles humides
sur ma chemise fétiche.

« Vous êtes venue en bus 96 ?

– Non, j'adore le bus, mais cette partie de la ligne craint vraiment trop.

– Ah ? Vous buvez quelque chose ? »

Pourtant, chuchotis il y avait,
que j'ai d'abord mis sur le compte de son allure.
Ma fille Norah résumerait, dans les semaines suivantes :

« *Bsahtek*, le daron, cette fois tu joues clairement *out of your league*. »

Elle exagère, mon style plaît.
Il s'en faut que je sois démodé.
On m'a qualifié de rétrosexuel, une fois.
Une sorte d'homme porte-plume en bois,
certaines femmes adorent chiner ça.

Quant aux chuchotements, étaient-ils curieux, hostiles, envieux ?

Le seul animal qui chuchote,
avec l'humain,
c'est le moineau.
Ça en dit long sur la subtilité du bruit.
Quel soulagement quand deux post-adolescentes nous ont abordés.

Cela tombait à pic,
sûrement des étudiantes en lettres,
ma dernière traduction d'Ovide avait eu son petit succès
il y a quelques années.
J'avais la main sur le cœur à la recherche d'un stylo
quand leurs cris stridents me chambardèrent.
Elles gloussaient, éblouies
par l'écran de leur téléphone.
Joséphine était sympa dans la vraie vie,
elle leur accordait un selfie.

Après deux verres de vin blanc,
elle m'a avisé
à haute voix :
« Je n'ai jamais essayé de mec en col roulé ! »
J'ai rougi sans me formaliser.
Ça court les sites de rencontre, les gens qui annoncent la couleur.
J'aurais voulu lui demander comment elle savait (elle parlait de mon prépuce).
J'ai bredouillé : « Je vous trouve plus jolie que sur l'appli. »
Je me souviens, navré et précis,
de chaque syllabe.

Quand une liaison s'achève, il ne nous reste que nos mots.

Sa robe et son sourire, un autre s'y glissera,
sa trattoria préférée et ses lèvres empourprées, un autre y boira,
un autre recevra ses sexpics au début,
le venin de ses piques à la fin.
Nous, cela disparaît dans l'instant, tout s'évapore, les nuits et les épiphanies,
rien ne résiste.
Le futur antérieur est une illusion d'écrivain : *nous* n'aurons pas existé.
Chaque geste sera vécu à nouveau, souvenir interchangeable à l'infini.
Alors ne reste à chacun que sa propre parole.

Les mots sont les comptes en Suisse de l'amour.
On murmure le précieux, ce qui restera quand l'autre aura tout repris,
ces syllabes qu'on fait mine de lui offrir,
mais qu'on garde au fond de soi
quand on lui redevient étranger, reconduit à sa frontière,
quand le silence envahit tout, on les emporte, butin, contrebande,
dans un ultime mensonge : rien à déclarer.

Un couple à lunettes assorties,
hiboux hipsters,
nous couvait d'un œil éveillé.

Plus loin une triplette de commères quadras secouait la tête.

Vous trois, vous existez dans tous les pays du monde, à toutes les époques,

j'ai pensé,

on pourrait vous téléporter

sur un banc de jaspe en Sicile,

sous un porche usé du Mississipi,

au balcon d'un HLM ou d'un opéra,

ou vous réincarner en tourterelles perchées sur un fil,

vous accompliriez encore votre mission sacrée,

médire avec ostentation de votre prochain,

pour tout et n'importe quoi.

Mais là, maintenant, pourquoi moi ?

Patience ! On ne tarderait pas à comprendre.

Ce matin, j'ai envie de lui envoyer une photo.

Légende : « Notre terrasse est remplie de ton absence (émoji cœur). »

(Je décide de m'abstenir.)

Je me regarde,

je me regarde boire mon deuxième demi pêche à onze heures vingt,

je me regarde écrire

un SMS à Joséphine

parce que c'est bien le minimum

de répondre à quelqu'un qui vous demande :

« On peut quand même faire du sexe entre amis ? »

Mon doigt tourne en rond au-dessus du clavier,

puis sur le bord de mon verre,

qui siffle.

Mon père m'a appris cela, il y a longtemps, dans une cafétéria.

Regard du serveur affligé.

« Tu ne serais pas mi-débile ? Faire ça à ton âge ! »

Le problème de ce SMS, c'est que maintenant *je sais*. (Savoir, c'est souvent être trop faible pour ignorer.) Pourtant, je n'ai aucune envie de ghoster Joséphine. Lors de notre premier rendez-vous, je ne savais pas encore, c'était facile d'éviter les regards, les tourterelles, les moineaux, les hiboux. Rien à battre de la volière,

on s'était posés chez moi.

Là, j'aimerais bien décrire une scène incandescente, un lit comme un théâtre en flammes, avec des mains qui se tendent, des chevilles qui se brûlent, des torses consumés sous leur écorce, l'air qui vient à manquer aux corps pressés, qui se cabrent pour mieux obéir à leur besoin d'intensité,

Joséphine sait raconter ça.

Moi je peux juste me souvenir
qu'elle m'a complimenté :
« Le pantalon velours côtelé, j'adore ! »,
et pris tout entier dans sa bouche intimidante.

2

Nico

[Dans l'épisode précédent : Mehdi et Joséphine, c'est fini, tout ça à cause d'un secret caché comme un chausson sous un lit. Renoncer au sexe lorsqu'il est aussi délicieux ? Oh là là, quelle idée !]

J'ai failli oublier,
aujourd'hui c'est mercredi,
le jour qui grandit
avec les enfants :
quand ils partent, le mercredi rejoint la routine des autres jours,
la vie quotidienne,
comme s'il enfilait un costume de grandes personnes.

Nico, le patron du bar,
nous a cuisiné des entrecôtes

pommes de terre grenaille
haricots vapeur, pour lui
c'est notre rituel du mercredi,
on est devenus amis
ça fait quelques années,
peut-être parce qu'on a le même âge,
on a connu Mandela et les radiocassettes.
Nico, lui, a des pectoraux saillants sous son polo,
dont dépassent des poils jais,
rien ne l'impressionne, je crois.
Ou alors pas grand-chose,
peut-être le silence,
depuis que sa terrasse a été balayée par des kalachnikovs et les caméras du monde entier.

J'adore écouter Nico.
Ça ne court plus tellement les bars, les gens qui préfèrent les histoires aux stories.
Il est fou de stock-car.
Chaque dimanche à l'heure de la messe
sa bande se reforme,
sarabande de vieilles bagnoles
qui pétaradent,
explosent de fioul et de joie,
cahots et tonneaux,
boue, bière, brasero.
On est bien là-bas,
il paraît,

dans la grande banlieue,
entre blé et bitume, béton et maïs,
c'est pour ça qu'il a déménagé,
avec sa femme et leur fille.
Pour ça ou pour les kalachnikovs.

Nico parle et parle et parle encore,
il a saupoudré un peu de fleur de sel sur le bœuf,
mais pas sur les patates,
juste comme j'aime,
c'est mon copain de cantine,
du mercredi.
Même le papillon qui se pose sur la table
a l'air captivé,
il poursuit un rêve monumental :
la course la plus spectaculaire,
des milliers d'embardées et de dérapages
autour de l'Arc de Triomphe.
« J'ai les sponsors et six cents tonnes de terre, mais la mairie exige des voitures électriques. »
Mon téléphone vibre
sous le papillon qui s'envole, le nom de Joséphine.
Nico esquisse le sourire des gens qui mâchent longuement leur viande,
comme on écrase les soucis et les secrets.

Ici commence mon grand carambolage.
Parce que depuis dimanche
les mots s'entrechoquent
tournent, tournent, tournent, tournent,
les 24 Heures du Mans dans ma bouche
sans jamais trouver la sortie.

Allez, respire, mon grand, ton affaire, c'est pas un drame, ni un fait divers, pour l'instant c'est à peine une histoire.

Dimanche dernier, donc :
la sieste à rallonge dont on émerge nus et flous,
les doigts de Joséphine à travers mes cheveux
m'attirent sans peine entre ses cuisses.
De l'autre main, habile, elle déplie
son ordinateur sur le lit,
mes lunettes abandonnées, le monde est une mosaïque de points qui dansent,
Joséphine, aussi, twerke sur ma langue.

IL EST VINGT HEURES, VOICI NOS ESTIMATIONS…

La voix lance un nombre immense, les chiffres qu'on inscrit dans les livres d'Histoire ou sur les téléphones pour troisième âge.

« Merde, j'aurais pu y aller quand même… »

Joséphine croise ses jambes autour de ma tête

de toutes ses forces,
mon visage immergé dans chaque vague de son corps,
dans les profondeurs de son désir,
puis se relâche,
comme une marée qui se retire.
« Ohhhh, c'est bon, ça ! »
Elle prend un selfie doigts en V devant l'écran
et le légende : « On a gagné ! »

Avant le brunch, le sexe, la sieste et la catastrophe,
gracile et badine,
elle a voté pour Eux.

Nico joue avec le papillon revenu sur sa main, souffle doucement sur ses ailes.

« Tout ça pour ça, mon papillon ? Tu serais pas un peu fragile ? »

Un ami, ça vous bouscule d'un battement de cils.

Je poursuis. L'anecdote sort de sa chrysalide
pour se transformer en problème.
Pour qu'il y ait problème, donc une vraie histoire,
il faut qu'il y ait de la honte.
La honte, pas de malentendu, hein : ce n'est pas un ingrédient, c'est un personnage.

Jusqu'à l'adolescence, la honte,
on appelle ça les parents.
Honte de mentir, honte de voler, honte d'être un corps changeant puis d'en jouir,
puis un jour plus honte de rien (ou presque) devant les Vieux,
parce qu'on a percé leur secret :
les parents, c'est là pour aimer et comprendre, sinon c'est plutôt à eux d'avoir honte.

La honte envahit tout,
avec son parfum puissant,
s'invite dans chaque mur fissuré de la vie,
conquiert chaque parcelle qu'on lui cède,
la honte me fait toujours penser à la menthe ou à ma mère.
(Par pitié, laissons-la en dehors de tout ceci.)

La nuit était tombée,
où vibrait une clarté électronique.
Rentré juste à temps pour croiser Norah,
qui partait manifester,
contre Eux,
j'enviais sa fierté,
comme celle de Joséphine me sidérait.
L'admiration : le sentiment le plus mésestimé de notre époque.

« What ? Tu veux que j'espionne tous les réseaux de ta nouvelle meuf ? C'est *cringe.* » Norah ôta son keffieh, renonça à ses projets pour la soirée, se cala dans un pouf, sneakers sur la table. Pour effacer la honte d'un père, rien ne vaut la pitié d'une fille.

Nico commande une salade de fruits,
moi des profiteroles,
je sens bien
que mon dessert le choque plus que mon affaire.

Voilà trois jours que Norah m'inonde de photos, vidéos, posts, tweets, tiktoks, snaps,
pluie de révélations.
La vérité n'est pas soudaine comme l'orage, elle est un ciel de nuages, présente à qui veut la voir.

Parmi les 5 734 692 résultats de ses recherches :
– des histoires de hockeyeurs bien montés mais fleur bleue
– une promo : deux livres achetés, un sex-toy offert
– des vidéos électorales : « Les jeunes avec Eux », « Les femmes avec Eux »
– le top 10 de ses titres préférés de Taylor Swift

– un extrait TV ultra-criard : « Joséphine l'influenceuse vote pour Eux ! Elle nous dit tout »

– des citations de ses comédies romantiques préférées (« On dit *romcoms*, t'es vraiment largué, papa ! »).

J'ai beau classer les déclinaisons latines depuis quatre décennies,

je ne parviens pas à faire le tri.
Mon téléphone absorbe,
je déborde.

La terrasse s'est remplie
sous l'œil content, comptable, de Nico.
Je scrute aussi chaque client
pour discerner ce qu'il est vraiment.

Le for intérieur, les secrets de famille, les doubles vies, ça ne suffisait pas,

nous étions des êtres incomplets,
il fallait y ajouter
notre Incommensurable Identité d'Internet.

Comment ai-je pu m'inventer
une Joséphine réelle,
fabriquer ma propre version
d'elle,
une version argentique de notre amour,
tu fixas notre troisième rendez-vous par carte postale,
tu bois du lait fraise à la paille
et ranges tes bibliothèques par couleurs

comme tes socquettes,
pour chaque jour de la semaine,
je connais ta peau et ta voix claires,
je voudrais t'envoyer ce message : existes-tu comme je te vois ?
ou déposer un poème dans ta boîte aux lettres,
ça me rassurerait,
comme le jour où j'ai appris que les annonces diffusées dans les gares
étaient enregistrées par une vraie femme.

Elle n'a rien caché pourtant,
tout était là, sous mes yeux,
comme l'or dans la rivière,
ou le prix qu'on cherche des heures dans un rayon de supermarché,
les millions d'abonnés, les likes, les milliers d'images,
je n'ai pas voulu voir
son hyperréalité.

Nico tapote son dernier morceau d'ananas
contre son dernier morceau de mangue,
les pousse sur le contour de sa coupelle,
écrabouille l'un avec l'autre,
ses lèvres roulent, bruitent un moteur.
« La vie, Mehdi, c'est comme les tape-cul de stock-car : si t'es pas prêt à te faire cabosser, faut pas monter dedans.

– Arrête, tu ne comprends pas…

– Je ne suis pas débile, je vois très bien : Joséphine vote pour Eux. Et alors ? Elle fait campagne pour Eux. Et alors ? C'est même, comme qui dirait, leur muse, leur égérie. Qu'est-ce qu'on peut bien en avoir à foutre ! Et d'ailleurs, moi, tu sais pour qui je vote ? »

3

Maria

[Dans l'épisode précédent : Joséphine vote mal (catastrophe !), mais propose quand même du *friends with benefits*. L'ami Nico soutient Mehdi comme un cactus un ballon gonflable. Et si elle l'aime ? Quel dilemme !]

J'ai fini par répondre au SMS de Joséphine,
j'ai regretté aussitôt,
on se retrouve sur un rooftop
où la musique est très forte,
elle me donne de la 3-MMC,
alors on est heureux,
sans trop parler d'Eux,
surtout quand elle propose d'aller chez moi,
je ne discute pas,
je ne cherche pas à comprendre
quand elle me susurre contre les boîtes aux lettres :

« Toi, ça va, tu n'es pas comme "les autres" »
et fait durcir mon sexe avec sa bouche.

Enfin, si, dans les escaliers, je commence à déclamer :
Je pourrais te fixer à en devenir fou,
tu es inimaginable,
comme une soucoupe volante ou une boucherie chevaline,
un truc ancestral et neuf,
les autres jouent à se demander des trucs idiots,
genre « plage de sable ou de galets ? »
Moi, à force de fixer chacun de tes pores,
j'ai découvert le secret :
toi et moi, nous sommes deux pixels perdus dans la nuit.

Ses yeux smaragdins
sourient dans le vague.
« OK, c'est *cute*, maintenant fais-moi du sale,
t'as compris ? Je veux du sale,
je te veux plus profond que Schopenhauer ou la fosse des Mariannes.
Fais-moi du sale, putain,
je veux plus pouvoir marcher demain. »

C'est là que Maria, la concierge, nous surprend,
et ça tombe bien finalement,

parce qu'à force d'entendre le mot sale
la 3M a ouvert une grande porte dans mon esprit,
la sémantique, c'est une agence de voyages, dans le temps ou ailleurs.
Du sale, du sale, du sale.
À travers la porte entrebâillée de ma tête et de ma chambre d'adolescent,
ma mère : « Si tu as du sale, je lance une lessive. »
Exit ma mère, qui n'a rien à faire là,
et exit Joséphine, qui prend trop de place dans cette romance sans queue ni tête.

On ne devrait jamais être le personnage secondaire de sa propre histoire.

Le sommeil m'envahit comme un nuage
où flotte le visage de Maria,
avec son masque sanitaire qu'elle ne quitte plus depuis le Covid,
peut-être que c'est elle qui a raison,
peut-être que personne n'a plus jamais vraiment enlevé son masque après les confinements,
j'aurai honte demain en croisant Maria
qui sortira de sa loge
comme une fenêtre pop-up, ou un shinobi, ou l'inspecteur Columbo.

Il faut être bête comme un propriétaire pour croire que l'immeuble appartient à quelqu'un d'autre
qu'à Maria,
les milliers de marches récurées,
l'obscurité des caves et la cour balayée par le soleil,
chaque vapeur d'encaustique,
chaque allée et venue surveillée,
tout ici est son royaume.

Oh, par chance nous sommes jeudi.
Le jeudi, pour Maria, c'est le jour de Josette,
depuis les années soixante,
quand le jeudi était le jour des enfants,
quand elles prévenaient leurs maris distraits
qu'elles feraient goûter les petits,
« Ils aiment tant jouer ensemble ! »,
puis se retrouvaient enfin,
interminable semaine,
pour soulever leurs jupes à pois ou à carreaux
et se goûter l'une l'autre.
Tout s'est évaporé, les maris, les enfants, le désir et les sweet sixties,
mais le jeudi, seule la mort les empêcherait de se retrouver pour le thé.

À mon réveil, Jo n'est pas tout à fait partie,
elle est là

au creux de mes draps,
au bout de mes doigts,
je l'effleure et la fais glisser
de plus en plus vite
sur mon téléphone.
Aux milliards de gangbangs, doubles pénés et étudiantes coquines,
je préfère les photos de Joséphine
à la plage, à Disneyland, en meeting avec Eux,
mon sexe pressé s'impatiente
lorsque je tressaille
la main qui le serre,
cette main qui l'a toujours secoué avec joie et vigueur,
loyale ouvrière en son geyser de chair,
ma main a disparu !
(Non mais, sérieusement, ma main a disparu !)

Disons plutôt qu'elle est devenue translucide,
j'en perçois les contours,
mais à travers elle je distingue
chaque veine bleutée de ma verge tendue,
puis les lunettes que je ramasse sur le sol,
puis sur l'écran de mon téléphone
où je tapote à vau-de-route
tel un ado superstitieux :
Risques main masturbation
Effets secondaires drogues récréatives
Syndrome main invisible

Main translucide homme après 50 ans
Virus main disparue
Crise panique main invisible.

Dans la supérette où j'ai filé,
je n'ose pas tirer mon poing de mon pantalon,
alors je compare les capsules de café,
une éternité,
chaque dosette
déverse son contenu
dans celle du dessous,
puis chaque paquet,
puis chaque rayonnage,
sablier d'arabica et de robusta
qui égrène le temps.
À la caisse, je me contorsionne,
pour extraire de ma poche arrière
de quoi payer
Shiva emmêlé
(j'aurais dû acheter un gant Mapa, quel idiot !),
le vigile fronce les sourcils,
les clients soupirent,
la caissière m'ignore,
scène de la vie parisienne,
personne ne m'a vraiment regardé.

C'est cela qu'on vient chercher
dans la grande ville,

l'indifférence,
ce n'est pas le travail, ni la gloire,
ni les lumières, ni la nuit,
ni les grandes gares qui mènent vers le monde,
on vient chercher le droit
de n'être personne
pour personne,
pouvoir ignorer ou baiser
un type ou une fille rencontrés dans le métro,
lui faire un doigt ou une demande en mariage
sans risquer de se revoir
au bal du 14-Juillet.
On a fait mine de l'oublier
pendant les confinements,
de se redécouvrir les uns les autres,
pourtant ce n'est pas la chaleur qui manquait,
c'était la froideur réconfortante de l'océan anonyme,
coincés comme au village, avec ceux qui savent tout de nous,
parents, époux, enfants, animaux, voisins, médecins,
ou pire
(Norah était chez Cécile, sa mère),
rester confiné avec soi-même.

En composant mon digicode,
je prie pour indifférer Maria.

Elle est toujours chez Josette.
Je gravis les marches,
les lettres dans ma main droite
flottent en l'air,
avions de papier.
Sur le palier de Josette,
je pose mon souffle
et colle l'oreille à sa porte.
(Soliloque :

« Tu espères quoi ? Entendre les deux mamies gémir sur un vibro ? Bizarroïde, va !

– Mais non, je me demande si elles parlent de moi. »)

De l'extérieur me parvient comme un écho
qui résonne dans le salon.
Maria et Josette font
ce que font tous les vieux couples :
elles regardent les chaînes info en silence.
Soudain, une voix :

« De toute façon, c'est toujours les mêmes qui font des problèmes. »

Il est temps de reprendre ma routine,
comme les égarés
cherchent la grande route,
sortir de la forêt.
Ou peut-être rebrousser chemin,
foncer dans un labyrinthe de bois et de papier,
cerf ou fugitif éperdu,

mille millions de cernes et de stères,

échapper au monde des mille milliards de rhizomes, aux arborescences sans arbres,

Se concentrer de toutes ses forces

pour corriger trente-six copies doubles.

Le BDSM est une invention d'enseignant : quêter son plaisir dans les corrections.

À travers ma peau,

parchemin de verre,

l'écriture des élèves calligraphie, sur mon bras,

des vers de Lucrèce :

« … dans ce monde ne subsistent que des atomes invisibles et une immense solitude. »

OK, j'attrape plutôt un Marvel et un vinyle.

Spiderman et Miles Davis soudain tatoués sur ma main.

Respirer.

Raisonner.

Se reprendre.

Je retire mes mocassins

du bout de mes phalanges bleu roi :

au bas de ma cheville,

plus aucun pied droit !

4

Victor

[Dans l'épisode précédent : Joséphine réclame du sale. Maria, la concierge, trouve que tout ça, c'est du propre ! Mehdi rompt pour de bon. Boum ! Sa main et son pied disparaissent. Invisibles comme une lessive trop frottée.]

Je me réjouis toujours d'aller chez Victor
pour son dîner annuel,
(un rituel, c'est rassurant comme un plan de bus vers l'avenir),
on n'y trouve pas le Tout-Paris,
juste le Paris à la mode.
Et moi.
On ne vient pas ici se faire voir,
plutôt se fondre dans le décor,
sur les murs blancs comme des sourires.
Victor est mon éditeur,
moi je suis son ami,

j'ai l'âge d'être son père,
il a l'air tellement sérieux
quand ses tempes battent
d'un succès éclatant et fragile.

Joséphine est là aussi,
dans une robe noir charbon,
brasier en talons,
« Victor, tu étais obligé de l'inviter ?
– Tu as vu les chiffres de son *Manuel d'une tradwife* ? »
Elle ne m'ignore pas,
dépose un baiser
sur ma joue droite,
une gifle très très douce.
« Tu portes des gants, maintenant ? Vous avez des looks spéciaux, vous, les “vrais” écrivains. »
Je suis en cendres.
Un auteur un peu hussard en profite
et lui propose de visiter
pour sa prochaine saga
le sous-marin lanceur d'engins où il a trouvé Dieu et de virils camarades,
mais jamais en même temps.

Un jeune romancier en vogue
me demande si je compte apporter les petits fours

avant de se reprendre,

il voudrait plutôt du champagne.

Les rires éclatent, trop forts, trop brusques.

Ils rebondissent sur les murs, se brisent en échos secs.

On trinque, à quoi, à qui, personne ne sait vraiment.

Les conversations flottent, sans accroches.

Chacun fait semblant d'écouter.

C'est un art de connaisseur, la solitude à plusieurs.

On parle d'Eux, toujours Eux.

Leurs noms tournent en boucle, étouffent tout le reste.

On s'indigne, on analyse, on politise,

on comprend les incompris, on désoublie les oubliés,

on prédit l'émeute et l'effondrement, on promet des textes.

« C'est une tuerie, ces mini-tacos veggies, non ? »

Victor connaît le secret d'une soirée sans esclandre,

c'est une soirée sans escales,

où les mots circulent sans se figer, ni blesser,

ni laisser le silence importuner ses hôtes,

avec ses non-dits et ses risques.

Pour chasser un silence, citez le plus grand chef-d'œuvre ou la plus infime rumeur !
Seul un bref malaise traverse le salon,
à la faveur d'un blanc
on devine le râle de deux boomers
qui se croient transgressifs
en forniquant dans la salle de bain.

Joséphine enchante les convives
comme une maîtresse de maison
que Victor aurait louée pour l'occasion.
Aérienne, elle a capturé l'âme du moment,
la ployant à sa volonté,
sculptant la soirée à son image.
Seule une ancienne vedette à la radicalité ridée
lui lance des regards furieux et gourmands.
En un éclat, Jo devient l'épicentre du séisme.
Tous les regards se fixent, brûlent pour elle,
phalènes attirées par la flamme.
Tout s'ancre dans ses mots,
elle fend le brouillard ambiant,
lui donne son sens : prélude à ce qui va naître.
Elle ne fait pas qu'attirer l'attention,
elle la retient,
la façonne à son gré,
devenant la galaxie autour de laquelle tout gravite.

« Moi j'ai voté pour Eux et je le referai dimanche, ils vont aider ce pays à glow up ! »

Son effet est total,
une charge de générale à cheval,
sabre au clair,
quelques murmures buzzent
comme des mouches saisies
par une vitre très propre ou une toile d'araignée.

(Je me surprends à penser : « Veni, vidi, sexy. »)

Même la salle d'eau s'est tue.

Le hussard exulte dans un rire subjugué : « Mademoiselle a du panache. »

La star des lettres engagées nous stupéfie : « Sacrés ovaires, la gamine ! »

Le reste se perd dans un feu d'artifice dépareillé de réprobation et d'admiration.

Victor affiche une habile gaieté :

« La diversité d'opinions sera toujours chez elle dans ma maison »,

il monte le son de sa platine.

Les corps ondulent et les verres dansent,
quelque chose dans l'air a changé,
indiscernable, microscopique, omniprésent,
des langues s'échangent de la MD,
des têtes s'inclinent devant la C

sous l'œil de la célébrité subversive,
dame patronnesse juste sortie de désintox.
Le hussard ne quitte plus sa flasque
ni Joséphine, qu'il suit sur la terrasse.

« Ce que je préfère chez Eux, vous voyez, mademoiselle, c'est leur franc-parler. Très bonne, leur idée de menu national dans les cantines ! Finis les petits pois à Bordeaux et la semoule à Marseille : comme au service militaire, tous pareils et pas de bazar sous les fourchettes ! »

Jo étudie le meilleur angle pour son selfie devant la tour Eiffel scintillante.

Le jeune écrivain prodige fond sur moi
de toutes ses larmes.
Par son âme,
s'il avait su que je publiais chez Victor !
De toute façon, il en a marre
des faux-semblants de la gloire littéraire,
il cherche sa propre lumière, sa vérité,
il voudrait faire du cinéma ou devenir ministre :
« Je ne crois plus en rien, ni en moi, ni en le soleil,
on ne sait plus le vrai et le faux,
je suis resté mentalement confiné, je n'ai pas honte de le dire,
dans le temps figé
(il renifle sur mon épaule)

parfois je passe des jours et des jours
dans les jardins publics
assis sur un banc,
à observer les pigeons,
je n'essaie pas d'interagir, de les soudoyer au pain rassis,
en échange de leurs secrets.
Peut-être qu'ils me trouvent fainéant,
ils s'activent comme messagers occultes,
chaque gouvernement aurait ses pigeonniers ultra-confidentiels,
c'est logique quand on y pense. »

Réfugié dans la chambre de Victor,
intérieur nuit, cellule monacale pour décor.
Sa penderie regorge de costumes pour le sexe en groupe.
Uniquement des métiers d'antan :
palefrenier,
arquebusier,
montreur d'ours avec sa laisse,
barbier chirurgien,
tous les jeudis, c'est soirée orgie-storique.
Ça ne court pas les tables de nuit, les mini-stations de marquage au fer rouge.

Au milieu de la pièce, un miroir ancien, de ceux
au travers desquels on voit très loin,

plus loin que les corps et le présent et la mémoire,

ces miroirs qui vous téléportent en un clin d'œil

au milieu d'un cimetière d'espoirs déçus

ou au fond d'une caverne pleine de souvenirs enfouis

et qui ne vous mentent jamais sur ce que vous êtes.

Victor tente-t-il de le traverser parfois

comme un petit garçon

fuyant les bêtes imaginaires des nuits d'enfance ?

Devant le cadre de bois vieilli,

j'ai la nostalgie de la nostalgie.

Avant les hypermarchés, le passé était ample, désormais il tient tout entier sur une liste de courses :

mes premiers genoux écorchés,

le mot « Mercurochrome »,

les matins embaumés de chocolatine,

la mire arc-en-ciel du téléviseur,

le fil tire-bouchon du combiné téléphonique,

les lunettes carrées de mon père et les Peter Stuyvesant rouges de ma mère.

Après un certain âge, de toute façon, la seule chose sérieuse à faire face à un miroir, c'est de lui tirer la langue.

Bouche trou d'obus, ma langue a disparu !
(« Je t'avais prévenu », noterait sûrement ma mère.)

La panique passée, le premier carré de soie fait l'affaire,
enroulé autour de mon visage,
on dirait un hijab noué par Peter Sellers.
« Dis-donc, tu cherches vraiment ton style »,
Joséphine me crible d'une dernière salve
dans ma retraite furtive vers le vestibule.

À bord du taxi,
la radio débat d'Eux, les invite, les décrypte, les fact-checke, les sonde,
dans ma tête bla bla bla, eux eux eux, bleu bleu bleu,
le chauffeur acquiesce, mécanique,
canular surréaliste, chiot figurine au volant plutôt que sur la plage arrière.
Il hoche la tête à vitesse régulière
(j'envisage un bon mot : « J'aime le bus, mais ce soir j'ai préféré le métro-n-homme », puis me ravise).
Parfois, il m'examine dans le rétroviseur,
puis lâche un soupir maussade.
Pour fuir il suffirait d'acheter un billet d'avion en ligne,
« Payez sans contact, partez sans retour »,

se jeter dans un moteur vrombissant
ou dans un verre de jus de tomate
après y avoir versé quelques larmes et du sel de céleri,
prière de relever vos tablettes
pour le décollage et l'atterrissage,
par le hublot, la Seine,
ni poissons, ni hommes volants, ni rêves migrateurs,
que la douleur du rester,
je l'envie, la Seine, toujours ici et toujours ailleurs,
surface et profondeurs,
étrangère sans limite,
dans son lit les morts, les vivants, ceux qui hésitent, partent ou reviennent,
la sueur de nos nuits enragées,
la buée sur les vitres de nos trajets solitaires.

« Vous avez pris des trucs, c'est ça ? » (le chauffeur maugrée, inaudible, sur ces drogués de Parisiens). « Ou alors vous avez attrapé un virus ? »

Un virus.

Ça court les taxis, les réponses aux questions qu'on ne leur a pas posées.

5

Johnny

[Dans l'épisode précédent : Joséphine fait fondre les cœurs, même le vieux cuir du Paris littéraire. Mehdi, lui, perd sa langue. Perdre une femme, passe encore… Mais des organes ! Malédiction sentimentale ou énigme médicale ?]

Des fans ou des adversaires
(allez savoir de nos jours)
ont créé une *deepfake* Joséphine
qui performe
des obscénités en 4K,
costumée en présidente
ou en lingerie tricolore,
des gorges inondées de K-pop,
des bouches de foutre irisées,
de la pole-dance autour des phallus psychédéliques
de Poutine et de Trump.

Je consacre tout mon vendredi, indigné,
à visionner *in extenso*
ces horreurs artificielles.
Certaines requièrent un casque de réalité virtuelle,
j'ai égaré celui qu'on m'a offert à Noël.

(Autre objet perdu : une cassette VHS de *L'Empire des sens*, oubliée chez mes parents, usée comme eux par mon adolescence timide avec les filles.)

L'hypertrucage le plus explicite
dévoile entre les cuisses de Jo ouvertes à l'extrême
une urne profonde
où plonge un bulletin « Eux ».
Un message amical s'impose,
dans l'instant fuse sa réponse par vocal :
« Trop cho-quée, j'ai percé, là ! Tu as vu celle où je chevauche une licorne façon Jeanne d'Arc ? »

L'interphone rugit.
J'enfile un pantalon
sur la moitié effacée de mon corps,
toute l'inférieure, volatilisée en quelques heures,
comme si le virus accélérait sa course.

Je joue à reconnaître l'accent du livreur.
Malien ? Tunisien ? Vietnamien ? Niveau avancé : indien, pakistanais ou sri-lankais ?
(Est-ce que deviner est devenu aussi raciste qu'imiter ?)

Johnny est Afghan.
Il s'est forgé une moyenne de 4,5 étoiles sur 5,
après plus de 3 000 commandes.
Le genre de gars à qui on prête de bonnes intentions ou sa voiture
même sans savoir où il va.
Probablement en livraison.
Son arme secrète : la bonne éducation
administrée par ses parents,
à coups de martinet.
« Bonjour madame », « Merci monsieur »,
le voussoiement,
se présenter tête nue plutôt qu'avec un casque.

Je lui propose de partager mes sushis,
j'en ai trop commandé, Norah est (officiellement) chez sa mère.
Johnny parle une langue gruyère
dense, fleurie, parsemée de trous,
où pronoms, désinences, possessifs et interrogatifs
font les phrases buissonnières.
Il enchaîne les mots comme les petits boulots,

quand ils se présentent.

Déménageur, serveur, balayeur, plongeur, dealer, Uber,

il veut devenir chercheur.

Ne plus entrer chez nous mais en nous, nous comprendre.

« En Occident, la politique

a remplacé Dieu

jusque dans vos plats à emporter. »

Kebab : Populisme métissé, rébellion vis-à-vis du jambon-beurre.

Sushis : Mondialisme aseptisé avec une pointe de snobisme.

Burger : Conservatisme contemporain, réconfort des valeurs traditionnelles.

Quinoa bowl : Écologie moraliste, saine et supérieure.

Pizza 4 fromages : Centrisme mou, ingrédients fédérateurs et sans risque.

Salade César : Libéralisme pragmatique, en même temps léger et copieux, frais et frit.

– Et Eux, qu'est-ce qu'ils mangent ?
– Eux ? hésite Johnny, ils mangent tout.

Nos verres de saké sur la table
se tutoient désormais.
Dans ses yeux, les étoiles de Mazâr-e Charîf,
pas les astres du ciel,

les feux follets qui traînaient avec lui au bord du fleuve,

chantaient sur des chaises en plastique

et pariaient sur les filles du quartier,

effluves de grillades,

un gobelet de gnôle achetée au marché noir

rendait l'air néon, les cœurs devenaient plus légers,

même les écrasantes balles de coton le lendemain aux champs,

même la vie endoréique, sans horizon, eau promise au désert.

Ce soir, nous sommes loin, là-bas, sur la rivière Balkh.

Une ivresse d'hommes, c'est une oasis au milieu de l'adversité.

Je suis l'ami de Johnny et il est mon ami.

Oui, bien sûr, il a remarqué ma langue,

il comprend le mal qui m'envahit.

Il l'a déjà vu souvent,

ce sont sûrement les effaceurs d'âmes !

Dans son village, ils ont tout fait disparaître :

les femmes, le vin, la musique, les rires et même l'avenir.

« Alors, moi aussi, je suis disparu du village et j'ai venu ici ! » Johnny force son rictus.

Norah rentre à la maison sans prévenir,

s'agace sur les boutons

de la télécommande
aux piles déchargées,
une voix démesurée
gonfle au milieu du salon,
cyclopéenne, disciplinée et innombrable,
des milliers de bouches déformées par la même vibration,
sur les images, un bandeau :
« Dernier meeting d'entre-deux-tours à Paris : attentat contre Eux. »

À l'écran, un sosie de Norah se rue sur une scène grandiose et lance une baudruche gorgée de liquide incarnat. En plein front du portrait géant, à la fois icône et décor.

Norah le gorbatchève,
le bouille-abaisse,
le jan-van-eycke d'un vaste turban rouge,
ma fille, éclatante écarlate.

« Avec les camarades du commando éco-féministe, on a fait une collecte de sang menstruel, c'est moins problématique que du sang de porc ou des trucs chimiques. Au fait, c'est qui, lui ? Ah, ouais, Afghan ? C'est cool que tu t'engages en faveur des migrants ! Comment ça, "juste un pote de biture" ? »

Brandir l'arme des pères dépassés,
le conditionnel passé.

« Ils auraient pu te tirer dessus,
tu aurais pu te faire lyncher par la foule. »
Écouter la révolte orgueilleuse,
la sécu déjouée,
les pancartes brandies,
les milliers de tweets générés,
le geste warholien et la grande évasion,
le plan minutieux
victorieux des nervis nerveux.
Lire dans ses yeux (d'enfant) de femme :
parce qu'on se laissera pas faire,
hein, papa,
nous, on les lâchera pas,
il faut bien que quelqu'un les arrête
puisque vous ne l'avez pas fait.

« D'ailleurs, au premier rang, j'ai eu le temps d'apercevoir ton ex dans sa petite robe noire. »

Être père, c'est comme manger une glace à l'italienne aux parfums entrelacés : honte et fierté.

Norah se demande enfin pourquoi je porte un masque chirurgical et fixe avec insistance la manique rose fluo enfilée sur ma main droite alors que je n'ai, de toute évidence, rien cuisiné.

Quelqu'un frappe à la porte et à pic. Dans l'œil-de-bœuf, la face aplatie d'une policière précède son collègue. Maria a joué les indics, c'est sûr. Je me demande ce que fait la moyenne des gens dans ce cas précis. Tout le monde ouvre au ralenti, comme pour chercher un alibi à un crime qu'on n'a pas commis ?

J'ouvre lentement, donc, comme je reposais le sujet d'examen face à un jury intimidant. Sans geste brusque. Tu n'es plus khâgneux, prends ton air de prof de lettres classiques, Mehdi, ça en impose. À mi-embrasure, j'ai déjà l'impression d'avoir trahi ma chair, de leur avoir livré ma fille. Mon sourire semble la chose la plus suspecte au monde. Et la plus difforme.

« Bonsoir. Monsieur fait l'objet d'une obligation de quitter le territoire national. Nous venons l'interpeller en vue de son expulsion immédiate vers son pays, l'Afghanistan. »

6

Alexa

[Dans l'épisode précédent : Joséphine devient une icône sexuelle et politique. Norah fait un happening remarqué contre Eux. Mehdi, rongé par le mâle en lui, se trouve aussi mauvais père qu'amant. Mal en amour, mal en pater, quelle galère !]

Mes lunettes flottent dans ce samedi matin
comme ces drôles d'œufs
aux sports d'hiver.
Celui qui les a inventés
était peut-être, enfant, fou de Pâques
ou voulait passer le reste de sa vie
à les contempler dans le ciel
ou juste lancer un business concurrent
aux montgolfières et aux fusées ?
Mes lunettes se hissent de la table de nuit
jusqu'à mon nez

et entre les deux, rien, les grands espaces
de mon corps disparu,
ni futaie de poils, ni ruisseau de sueur après la nuit,
ni bras, coudes, épaules, nombril, ni tétons,
ces poignées d'amour enfin perdues !
Vertige, ma tête seule
se reflète dans le miroir
comme un sommet sans montagne.

(Cécile est passée chercher Norah, elle lui a déjà trouvé un excellent avocat, celui qu'elle a pris pour notre divorce.)

Cela me contrarie
de ne pas savoir
si mon ordinateur se déverrouillera demain,
ou les jours d'après,
reconnaîtra mon visage,
ou un morceau de mon visage au moins,
hésitant comme un parent Alzheimer,
après tout, moi j'ai oublié son mot de passe.
Comme un type qui a connu le minitel
et les livres de Jules Verne,
je lance une bouteille à la mer,
un message sur Reddit :
« Connaissez-vous un virus qui rend invisible ?
Que faire ? Aidez-moi svp. »

En deux heures,
on me confie mille secrets :
des complots mondiaux déjoués,
des antidotes pas si chers,
des idées de braquage du siècle,
des demandes de photos de mon sexe invisible,
des injonctions à revenir vers Dieu,
et pas mal de « T'es invisible ? Va te faire voir ! LOL ».

Jallil, mon aîné, m'a offert une enceinte intelligente à mon anniversaire,

c'est le moment de sortir Alexa de son carton.

Il y a souvent plus d'humanité dans une machine qui imite un humain que chez un humain qui s'abrite derrière sa machine.

Je la bombarde de questions :

- si je suis invisible, est-ce que je risque aussi de devenir inaudible ?
- comment se raser le matin quand on n'a plus de visage ?
- quel est le sens de la vie quand on échappe au sens de la vue ?
- est-ce qu'on me cherchera si je me perds dans le triangle des Bermudes ?
- si je me promène nu et invisible, suis-je malgré tout un exhibitionniste ?
- dois-je refaire mes papiers d'identité ?

- existe-t-il des boutiques de vêtements transparents pour corps invisibles ?

- est-ce que la société te semble plutôt invisiblophobe ?

- et surtout : combien sommes-nous dans cette galère ?

Alexa m'informe qu'entre cinquante et soixante mille personnes disparaissent chaque année.

De gré ou de force,

des gens qui lâchent la rampe

parce qu'ils ont fait fortune ou des atrocités

ou les deux,

des enfants pris par la nuit,

des femmes qui prennent le maquis,

des hommes qui changent de sexe ou d'adresse,

cherchent des réponses,

fuient des questions.

Souvent, ils réapparaissent,

on les reconnaît, sur Facebook ou dans une station-service.

Ce n'est pas donné à tout le monde, de devenir un fantôme.

On se rassure : ils voulaient qu'on les cherche

et qu'on les trouve

au bout du monde ou de la rue,

mais, au fond, eux savent bien

qu'on n'est plus jamais vraiment le même,
quand un jour on est parti.

Alexa, est-ce que je suis en train de disparaître moi aussi ?

« Le physicien britannique John Pendry est connu pour avoir théorisé une potentielle invisibilité par réfraction de la lumière sur certains corps solides. »

(Ce serait donc cela,
l'effet du virus,
sur nos corps réfractaires.)

Alexa, est-ce que je me transforme en caméléon ou en un autre lézard du même genre ?

« Le caméléon aime se camoufler dans le paysage, au sol il est plutôt marron, dans la cime des arbres plutôt vert, jaune et bleu. Ses couleurs traduisent aussi un changement d'humeur : par exemple rouge pour la colère, ou tons clairs multicolores quand il veut séduire. Il n'existe pas de cas étayé de mutation de l'être humain vers le caméléon. »

Alexa, est-ce que je dois rappeler Joséphine ?

« D'accord, je lance la chanson "How Deep Is Your Love" du groupe Bee Gees.

How deep is your looove ?
'Cause we're living in a world of fools. »

Peut-être qu'Alexa a raison,
que notre relation est plus profonde.
Peut-être que Joséphine ne veut pas
seulement être likée,
voir les cœurs s'envoler sur sa dernière story,
lire les commentaires, compter ses abonnés.

Peut-être désire-t-elle un homme qui la trouble, à qui plaire IRL, au corps-à-corps,

conquérir ici, maintenant, à découvert, sans filtre, sans follow-unfollow, de la chair, brute, visible, palpable.

Peut-être qu'elle veut
tout ce que je ne suis plus.

Alors à quoi bon l'appeler ? Autant laisser les choses

se dissoudre comme moi.

Sonnette, livreur, paillasson, colis.
Un gros carton, surprise de Joséphine,
sur le côté, le logo d'Eux.
Si mon cœur n'avait pas lui aussi disparu,
on le verrait bondir comme un poisson rouge
dans mon torse aquarium.

La boîte élégante renferme un costume bon marché,

une chemise pliée made in China,
une cravate criarde,
un pin's parlant qui ne grésille qu'une phrase :

je vote pour Euuuux !
à la manière d'un perroquet enroué.

J'enfile la panoplie,
comme au bal costumé,
ou comme on joue enfant,
docteur, pirate, cosmonaute, policier, voleur, menteur, tricheur,
je joue à Eux. Je + Eux = jeux ?
Face au miroir, bras levés,
j'adresse à la foule imaginaire des doigts en V invisibles,
« Mes chers compatriotes, aux côtés de notre glorieuse Joséphine,
nous restaurerons l'ordre et le grandiose ! »
Les tissus chutent mal, les lunettes glissent,
le sérieux s'effrite, le grotesque se liquéfie,
je suis un tableau de Dali.
Dans la vie, on peut vite passer du carnaval à la mascarade.
Au fond du paquet,
un livre comme un grimoire moderne,
le *Kit des élus et futurs élus*.
Un manuel aussi brillant qu'un miroir sans reflet :
« Faites étinceler votre plus beau sourire,
Employez très souvent des mots simples,
Établissez dès que possible un contact direct et chaleureux. »

Dans ce déguisement d'Eux sur mon corps perdu,

je ne bouge plus.

« Dès que possible un contact direct. »

Un contact direct

dès que possible.

Sous le costume, le virus.

Alexa, pourquoi les fantaisies de Joséphine créent ce monde nouveau qui se referme sur moi ?

7

Midas

[Dans l'épisode précédent : Mehdi s'efface pour de bon. Il perd tout, sauf la tête. Alexa est dépassée, mais on lui en demande beaucoup, cette pauvre machine ! Joséphine revient avec un cadeau pour le moins tordu.]

Sur le sol d'un cinéma du Quartier latin,
Joséphine enfonce mon sexe en elle
d'une main bien plus ferme
que la mienne sur sa nuque.
Samedi après-midi,
un couple de retraités
et un étudiant trotskyste acnéïque
regardent la pluie tomber
dans un film de Ken Loach.

Sur les moquettes art et essai, les amants s'égarent plus souvent que les pop-corns.

Mon préservatif phosphore dans le noir,

Jo, toutes hanches offertes,
n'a remarqué ni mon masque
ni la tenue d'Eux, enfilée pour lui plaire,
« Tes fesses se nomment splendeur.
– OK boomer, défonce-moi ! »
Elle gémit, exige, accélère,
cherche le choc, l'impact, comme deux silex l'étincelle,
ses cris étouffés par un siège en velours
excitent le puceau révolutionnaire
et peut-être les deux têtes grises.
À l'écran, une exilée déchirante :
« *Choukran, do you know what it means ? It means thank you.* »
« Je vote pour Euuuux ! » vocifère mon pin's.

Le sac de Joséphine vrombit,
je m'éclipse avant d'être trahi
par la lueur de son téléphone.
Dans mon dos, j'entends le torrent de messages
et les *chut !* de spectateurs.
Mon appareil s'agite aussi, comme un cadre en burn-out, tremblote comme un type recroquevillé dans les toilettes du bureau, qui se demande comment il va annoncer une mauvaise nouvelle à son boss.
Nos téléphones bredouillent, voilà, ils bredouillent,

ils postillonnent des posts,

réactions, commentaires, insultes, onomatopées, émoticônes,

de tous les réseaux

et surtout des photos.

Un roman-photo de ma vie avec Joséphine

dévoilé par des milliers d'inconnus,

une fontaine irréelle de clichés,

un baiser déposé sur ma joue, perchée sur la pointe des pieds dans un parc,

ses mains réchauffées dans les miennes sur une terrasse,

sa bouche chantant dans mon gland comme dans un micro sur un selfie rieur,

charriés par le sac et le ressac

de la grande marée anonyme,

nos souvenirs déréalisés

puent le scandale éphémère.

Parmi le flot de notifications, quelques noms familiers :

Norah : « Papou, c'est du slutshaming, et là c'est toi la *slut*, tu devrais porter plainte. »

Victor : « Mehdi, tout mon soutien dans cette épreuve, tu devrais en faire un livre ! »

Ma mère : « Tu ne nous as pas présenté ton amie, tu as honte de nous ? »

Quelques heures plus tard, Joséphine : « Désolée, Mehdi, ce terrible déballage est une vengeance de mon ex, Midas. Mes fans ne peuvent pas accepter quelqu'un comme toi. Cette fois, on va devoir en rester là. »

J'allume la télévision,
Midas apparaît,
il y vit en continu
comme le génie dans sa lampe
ou un diable en boîte,
un reclus superstar,
tout le monde regarde Midas,
mais Midas sait
que c'est lui qui nous observe,
lui qui entre dans nos foyers
et nos têtes.
Il est l'homme qui transforme la honte en or,
et tout ce qu'il touche en honte,
sculpteur du malaise, peintre de la gêne, virtuose de l'abaissement,
le « premier des barbares », écrirait Hérodote,
notre Midas est l'empereur aux oreilles d'âne
dont plus personne ne rit.
Derrière ses lunettes noires, il contemple le monde
comme un enfant devant un jouet cassé,
fasciné par l'idée de le briser un peu plus.
Sur son plateau-palais,
des fourrures et des néons,
du faux marbre et de vrais courtisans,

des murs d'écrans diffusent des GIF de Joséphine

au-dessus de mon pénis pixellisé,

des confettis humains rient à tout propos,

sous les cris suraigus de Midas,

comme si on avait voulu peindre un hôtel de Las Vegas en explosant une citerne de peinture avec une boule de démolition.

« Joséphine vous a-t-elle trahis ? » interroge le sondage du jour.

Elle est venue si souvent,

elle lui appartenait,

il doit la détruire,

comme les autres, comme le reste.

Comme moi.

Numéro inconnu, je ne réponds pas.

Second appel.

Troisième, je décroche.

La voix de Midas résonne en stéréo.

« Ah, on est en ligne avec monsieur Latin, le Latin lover de Joséphine ! Habemus sexum, me dit-on dans l'oreillette ! Allô, Jules César, vous avez la Gaule ? »

Je raccroche, terrifié.

Sa furie se déchaîne :

« Et en plus, c'est pas poli, ces gens-là. C'est toujours pareil, ça croit que ça peut venir nous piquer Joséphine sans qu'on réagisse. Tiens, appelez-le, il faut leur montrer qu'on ne se laissera pas faire. »

Mon numéro défile sur l'écran,

des milliers d'appels déferlent sur mon répondeur,

l'interphone me hurle dessus, par intermittence.

Tout débrancher, tout de suite, supprimer ce qui peut l'être,

les messages, les photos, les souvenirs.

C'est douloureux de s'effacer, même quand on est déjà invisible.

Je décide d'affronter le désastre

nu.

Désormais transparent comme un morceau de scotch

ou un hectolitre d'eau,

je peux flâner le long des canaux,

envier les amoureux, effrayer les pigeons,

picorer quelques mots d'une conversation,

ou une part de pizza dans une assiette.

La vie ressemblera à cela

ici, désormais,

marcher dans la nuit parisienne,

enveloppé d'un long manteau de questions ?

De la place de la République

me parviennent

des éclats d'incendie.
Une manif, dans cette obscurité ?
Des torches s'avancent
dans l'outrenoir,
cohorte dans la ville d'oriflammes et de bras levés au ciel,
pas pour le prier,
ni même le défier,
juste pour annoncer la tempête.
Sous chaque flambeau,
un visage marmoréen,
derrière chaque visage,
une volonté,
pour chaque volonté,
un hurlement.
Eux ! Eux ! Eux !
Je me penche sur leurs tatouages, leurs tracts, leurs crânes,
pour les décrypter comme des boules de cristal,
ma maladresse provoque des bousculades
sans explication apparente.
Pour la première fois de ma vie,
je sens grandir en moi
une pulsion de pagaille,
une envie de grand foutoir,
le besoin d'en découdre,
l'intime tentation du désordre.
Eux ! Eux ! Eux !

Eux ! Eux ! Eux !
Je danse entre les lignes,
murmure du Oum Kalsoum à une oreille,
perce un tympan avec Rachid Taha à tue-tête,
fais pleuvoir les coups de pied telluriques sur des culs alignés
et une pisse ésotérique sur leurs rangers cirées.
J'ose un « N'as-tu pas honte, païen ? Est-ce ainsi que tu portes mon Évangile sur la Terre ? »
et un « Tu te prends vraiment pour Moi, wie kannst du, misérable Schneckenschleiiiiim ?! »
(oui, je sais traduire « bave d'escargot » en allemand).
Eux ! Eux ! Eux !
Eux ! Eux ! Eux !
Eux ! Eux ! Eux !
Policiers et passants passifs
regardent en paix la procession passer,
comme au printemps les troupeaux partent paître
dans les prairies d'estive et leurs promesses d'herbe plus verte.

Pendant que je m'amuse à mouiller des jambes de pantalon
et joue au poète qui allitère en *p*
des combats de rue retentissent.

Eux ! Eux ! Eux !

Anti-Eux ! Anti-Eux ! Anti-Eux !

Tout vole, poubelles, coups, bancs, sang, pigeons, slogans,

l'air se charge de fureur et de fumigènes

pour qu'éclate une guerre miniature, comme une maquette,

version microscopique d'un chaos démesuré,

la guerre civile en répétition générale, sur quelques rues,

comme des figurants saccageraient un décor.

Dans ma fuite, je suis entravé par un son, ni par ma peur ni par ma conscience, mais par un son, un bruit entre le chant des Sirènes et le sifflet pour chien de chasse, un son qui vous oblige à revenir sur vos pas, à vous dérouter, un son qui, sans prévenir, vous ramène au cœur des combats, qui ce soir rend la violence ambiante contagieuse, pas virale mais tripale, un son animal qui déclenche une effroyable animosité, une haine dont on ne se savait pas capable, j'entends une voix qui lutte, terrifiée, téméraire et perdue, étouffée sous des corps épais, des corps d'hommes, lâches et lourds, des corps que je fauche de toutes mes forces, que j'arrache du sol à coups d'objets, de dents, de poings, de rage.

« Salauds, je vous interdis de toucher à Norah !

– Papa, c'est toi ? »

8

Norah

[Dans l'épisode précédent : Joséphine est persécutée par Midas, un ex toxique. Mehdi aussi, qui se promène désormais nu dans Paris. Entre ces deux-là, c'est la fin. Entre Eux et Anti-Eux, c'est la guerre. Une vraie kermesse de cœurs brisés !]

Le dimanche, de toute éternité,
c'était le jour de la sainte trinité : le marché, l'église, le bureau de vote.
Désormais on commande sur Uber,
on idolâtre sur Instagram,
on controverse sur Twitter,
rien n'a changé, ou presque.
Le monde entier dématérialisé
comme moi,
alors de quoi je me plains ?

Ce dimanche matin,
mes idées sont des Lego mal emboîtés,
ni rangées ni dérangées.
Dois-je m'introduire
dans le grand centre gris
où ils retiennent Johnny,
voler des clefs,
violer des verrous,
oser la geste héroïque,
la grande évasion,
mieux qu'un passe-muraille : un passeport
pour ici ?
Libérer plus que des hommes,
libérer des rêves.
J'appellerais Nico,
il trouverait Johnny
sympathique et travailleur,
il lui ferait peut-être même un contrat
et des pommes de terre grenaille de temps
en temps,
tout s'arrangerait,
tout roulerait pour le mieux,
dans le meilleur des mondes,
comme le tonneau parfait
sur le circuit de stock-cars
de la grande banlieue lointaine
le dimanche matin.

Je devrais faire tout cela,
mais je ne pense qu'à Joséphine.

Et soudain le bleu
à la vitre de mon bureau,
mais un bleu faux,
pas la couleur honnête des buvards ou des coups sur la peau,
un bleu au regard fuyant comme les oiseaux avant l'orage,
un bleu intranquille au monde,
qui n'annonce rien
ou rien de bon,
comme une lettre sans destinataire ni expéditeur,
à travers ma fenêtre
j'ai si longtemps ignoré
la vérité hallucinée qui frappait au carreau
comme la lumière muette et perçante
précédant, d'un silence,
le chaos de son désamour.
Je regarde au-dehors, dimanche défile sur l'écran du réel,
l'écran, vrai écrin de la vraie vie,
vraie virtuelle vitrine,
ce bleu ressemble à Joséphine
déjà par la vitre enfuie
qui me laisse
bloqué parmi ses messages indésirables.

Je devrais penser à demain,
à ce que je ferai
quand ils auront gagné,
quand ils seront partout,
quand demain sera à Eux,
rejoindre un comité invisible,
se terrer dans le quotidien immuable,
ou juste lire, rêver, vivre, comme s'ils n'existaient pas.
Joséphine, aussi, sera à Eux ce soir.
Faut la comprendre, c'est triste,
un lendemain de fête
où on n'a rien fêté,
rien dansé
ni rien bu.

Je voudrais lancer
à ses pieds des bombes incendiaires,
moi aussi embraser sa jalousie comme un dernier été,
chuchoter à d'autres, dans toutes les langues du désir,
la douleur lumineuse de l'absence
qui seule révèle la joie,
la douleur comme le sel sur les écorchures, qui te dit : tu es vivant, tu vieillis et un jour tu disparaîtras, mais pour l'heure tu es vivant de souffrir.

Je voudrais draguer dans les multivers interlopes,
embrasser des contrées irréelles,
partir
en guettant si elle nous observe,
je voudrais écrire la nuit
sur les murs et les corps
les mots abandonnés
qu'elle ne lit plus,
éclabousser ses silences d'un bonheur lointain,
mille éclats d'amour embruns qui lui reviennent,
je voudrais lui mentir
et me mentir aussi,
mais je regarde à travers la fenêtre,
elle est ma terre et mon pays,
et je n'ai pas de pays de rechange.

Je pense à Joséphine alors que je devrais appeler Norah
qui s'inquiète pour moi par messages vocaux,
ses yeux rougis par les écumes de gaz
et sa lèvre fendue,
elle *angoisse* pour moi
comme elle *bade* pour le monde.

C'est bouleversant et redoutable, une génération qui n'a jamais le droit de s'inquiéter pour elle-même.

Souvent Norah me parle d'un avenir que je ne sais plus imaginer.

Un truc grand, audacieux,

où les choses changeraient pour de bon,

mais je la regarde et je pense juste à ses petites mains,

qui, autrefois, cherchaient les miennes pour traverser la rue.

Moi, je voudrais juste que tout ne s'effondre pas trop vite et j'ai honte,

incapable de ressentir cette urgence

qu'elle porte comme un blouson trop grand.

J'aimerais lui dire d'attendre,

de retenir son souffle,

de laisser l'orage passer,

que tout peut encore s'arranger,

mais je sais que ce serait lui mentir,

comme je me mens depuis trop longtemps.

Dans ses yeux : un miroir de ce que je devrais être,

empoussiéré de renoncements.

« Papa, tu m'écoutes ? Ne fais pas semblant d'être ailleurs. Ailleurs, ça n'existe pas. Il faut se battre. Ici, on est chez nous autant qu'Eux. »

Je voudrais la protéger,

même si je ne peux plus courir aussi vite qu'elle,

je refuse de la laisser seule,

j'admire son courage,

celui que je n'ai pas,
de sacrifier mon enfant pour un pays.

J'envoie un autre SMS à Joséphine :

« C'est une belle journée pour avoir des nouvelles de ton absence. »

Réponse :

« Tourne la page, Mehdi. C'est ce que nous faisons, écrire et tourner la page. It means : tout est fini, go forward (émoji cœur brisé). »

C'est une heure lumineuse pour prendre un coup de poing dans l'estomac
à la terrasse d'un café, tremper mes lèvres
dans la brûlure de sa présence passée
et sourire de toutes mes larmes.
Je ferme les yeux.
S'abandonner à la caresse transparente du soleil, partager un secret avec le ciel.
Je rêve d'être de ces hommes-arbres
que plus rien ne retient,
mon tronc ne serait plus courbé,
ma cime crépue se joindrait enfin
à la canopée infinie
des hommes sans racine.
Je rêve d'être de ces hommes sortis des eaux,
accouché par la bâche d'un camion ou le col d'une montagne,
intrus officiel, reconnu comme tel

pour qu'on me cherche, me traque,
ou avoir une raison vraie
enfin !
pour qu'on me rejette.

Je traverse le quartier en flottant dans les rues, toujours invisible et nu. Personne ne s'en aperçoit, surtout pas le pigeon qui fouille le bitume et lit son avenir dans les miettes de croissant. Les élections et les chagrins d'amour, il s'en fiche, le pigeon, il cherche son petit déjeuner.

Le bureau de vote est bondé, ça sent le papier humide et l'excitation à peine retenue.

Les gens s'agitent dans la queue,

comme on attend le bus ou le Jugement dernier.

Un gamin chahute dans un coin du préau,
son ballon rouge frôle le plafond
et rebondit sur moi.
Qui va voter pour Eux ?
Je voudrais les traverser,
les percer,
leur dire : je vous ai compris
parce que je suis vous, moi aussi,
vous m'avez aimé, un jour,
je crois, j'en suis presque sûr.

Mon projet : être le double de quelqu'un qui n'aime plus ses semblables.

Je devrais bourrer l'urne de bulletins,
ou de lettres d'amour,
à pleines poignées,
personne n'en saurait rien,
sauf Norah, qui serait peut-être enfin
fière de son père.
Et si je grondais comme un imprécateur, depuis un isoloir,
une confession hurlée à travers le rideau marron ?
Je suis ton murmure et ton cri,
ton présent et tes absences,
le passé que tu chéris et cet avenir dont tu ne veux pas,
je suis tout cela,
je suis tout ce que tu m'as donné et que je t'ai rendu,
au centuple,
ce zbeul dans nos cœurs amers, électriques comme des citrons confits dans la coke,
je suis ton indispensable et ton indésir,
désormais je suis tout et ton contraire !

La colère est montée, sournoise
comme l'eau dans la dernière baignoire.
La nuit éclate en klaxons et en drapeaux,
les rires sont un peu trop stridents,
les visages un peu trop fiers, joyeux de rien,

les poings un peu trop serrés,
les feux d'artifice zèbrent le ciel et les terrasses de café
comme des étoiles tombées un peu trop bas.

Nous avons été heureux un jour,
on se murmurait des mots doux et épicés,
mais pas à l'oreille,
au sein luisant, au nombril ému, sous le bras nichés,
la tête posée sur ta cuisse, allongés sur une serviette bicolore un peu rêche,
la plage intense.
On se racontait des histoires de mousquetaires
juchés sur des cornes de gazelle
et on riait comme des bossus de
Notre-Dame (d'Afrique).
Il faut imaginer un rire au galop
qui balaie la lande et enivre le grain de sable comme le bourgeon,
puis s'envole et transforme chaque bouche en sourire dans les cieux,
il suffit de lever les yeux,
tu étais si heureux avant,
avant quoi,
avant moi ?
avant quoi,
avant moi ?

avec moi,
il faut imaginer mon pays heureux.

Lundi matin. Il faudrait réagir plus vite que l'eau trouble qui envahit tout. Partir, loin, plus loin que nos pères, loin de la peine, se frayer un dernier passage entre les épaves de nos amours naufragées. Ne plus résister aux vents fous qui vous déracinent, tout leur céder, se laisser porter au bout du monde. Dériver. Il faudrait sauter les murs, enjamber les doutes, prendre les femmes et les enfants, les souvenirs et les livres, sous le bras et courir. Il faudrait monter dans le bus 96, descendre à la gare, demander au guichetier un billet pour « ailleurs, qui n'existe pas ». Il faudrait faire tout cela, si tu ne m'aimais plus. Monter dans le train, trouver son siège, couloir ou fenêtre, fenêtre, *ah, veuillez m'excuser, je crois que vous êtes à ma place, je ne vous le souhaite pas vraiment*, trouver la force de ne pas s'enfuir quand le départ retentit. Rester à ma place.

En voyage,
un pays flou défile,
brouillon de mauvais matin,
et se laisse traverser
comme un rêve
de gare en gare,
à la lenteur paradoxale

des trains à grande tristesse
il y eut du merveilleux ici,
un clocher, une vigne, des flaques où même la boue dessinait des étoiles,
il y eut la guerre, et des rires, et des caresses, des filles sages ou rebelles,
il y eut les amours qui résistaient aux automnes
et le professeur, jailli dans la classe, comme une étincelle dans une forêt de livres,
il y a peut-être encore, quelque part sur ta table,
le pain pour l'étranger,
sur ta terre,
des poussières d'âme,
un regard offert à l'inattendu,
je ne sais pas,
je ne descendrai plus.

II
Revoir Franck

1

Un beau mec

Il a gardé la même mâchoire. Une espèce d'enclume, large comme un poing fermé, mais un poing de bouvier, de garçon boucher et autres épaisses corporations, pas une main pour clavier, une mâchoire de pelleteuse capable de broyer la roche les mots les os dans la même insouciance mécanique. Son visage, d'une soie presque trop belle pour être honnête – à croire que le temps lui-même a été son barbier pendant toutes ces années –, semble plus délicat que la chair à bars de plage qui, l'été achevé, rentre se masser sur les terrasses parisiennes. Sa peau, fine et hâlée, lui donne un air que je ne lui connaissais pas dans sa version adolescente. Un air qui balance les phéromones par sacs dans l'atmosphère (je n'y rejette, depuis le lycée, que mes excès angoissés de déodorant). Un air dont on peut – selon des canons préwokistiques – présumer qu'il électrise les femmes et magnétise les hommes. Cet enfoiré de Franck est vraiment beau mec.

Pour m'attirer à Paris, il a griffonné, sur papier à en-tête, trois mots difformes qui claquaient trop pour être ignorés – ON DOIT PARLER. En ouvrant l'enveloppe, quelques jours à peine après la dernière diffusion de *Mehdi est parti* à la radio, j'ai eu un court-circuit. Comment il avait trouvé mon adresse ? Une question sans réponse.

Son bras se soulève. Moins qu'un mouvement, à peine une esquisse. Pas de quoi froisser le lin de son costume ni la fille qui s'arrache illico au troupeau de serveuses, sans doute recrutées avec la même annonce : « Lounge pour connards cherche girafes sublimes, nonchalantes mais obéissantes. » Pour lui, ce sera comme d'habitude. Quant à moi, elle enregistre ma commande sans patience.

Tout dans sa plastique de môme étirée vers l'âge adulte me hurle : « Tu crois vraiment que ton *diet Cola* hors de prix t'offre le droit au moindre regard ? » Je fixe mes mains soumises, mon alliance, le stylo sur la nappe vierge, et tout est vertige : avoir tant conquis en librairie, au théâtre, à la télévision, sur Netflix, au cinéma, à la radio, en podcasts, avoir compris avant tant d'autres que l'omniprésente réussite est avant tout réussir l'omniprésence, avoir cultivé un mariage sans nuages et des liaisons sans éclat, tout en me montrant un père contemporain et un patient de psychanalyse impliqué, tout cela donc pour se demander devant une fille qui n'était pas née quand le vol UA175 pulvérisa la tour sud du World Trade Center et avec elle le XXe siècle, plus proche dans son esprit de l'ère glaciaire que de ses premières règles, tout cela donc pour se demander à propos d'elle comme à propos de toutes les femmes depuis que j'ai découvert leur existence : dispose-t-elle du super-pouvoir, du don secret qui leur permet de deviner le sang qui bat dans mes tempes ou la sueur qui perle sur mes paumes, et surtout, oui, plus que tout : est-ce qu'elle sent ma transpiration qui pue ?

Entre le pouce et l'index de Franck, une guillotine à cigares. Il coupe, net. À l'intérieur de son bras, un tatouage dissimulable à l'envi ; au centre, une montre qui frime ; à l'extérieur, un bouton de manchette monogrammé. Observer un poignet, c'est faire le tour d'un homme en vingt centimètres.

Il lâche, comme une vérité molle : « C'était pas mal ton histoire de youtubeuse patriote qui baise un intello maghrébin. Un peu simpliste, branlé pour l'époque, mais pas mal. » Enfin, il dit ça comme ça, lui, il fait pas de poésie, plutôt les poubelles.

Une once de dignité (ou de terreur) devrait me dévisser de mon fauteuil design ? Je joue à deviner la marque de ses lunettes de soleil. Dans le reflet, je suis pathétique, caché derrière mon Coca Zéro, dépourvu de toute révolte intime. Rien, ni ma bouche éteinte, ni mon regard captif, aucune scène de la vieillesse ordinaire que sont toujours les retrouvailles entre camarades de lycée – Tu te souviens de madame Zelnikoff ? Tu sais que Magalie a eu un cancer l'an dernier ? Oui, celle qu'on galochait dans l'aumônerie –, ni la promiscuité de pierres tombales qui me serre bien trop près de Franck aujourd'hui, ni la jeunesse et l'hier ressuscités, rien ne contredit le dégoût qui brume entre nous.

Il le sait, il sent ces choses-là, en tout cas c'est ce que suggère le battement de ses naseaux tendus, moins addicts à la coke qu'à la ruse.

Il déroule : « J'ai du lourd pour toi, du grandiose si t'es pas un fragile. »

De cette masse, on se demande qui a pu faire un homme, extirper forme humaine de ce bloc, on se dit une femme, la pauvre, plusieurs sûrement, oui un homme c'est toujours poli par les femmes, les livres ou les coups dans la gueule, les trois parfois, sculpté par un tailleur de pierre ou de tissu, la lutte, les amitiés de vestiaires, le fric ou le siècle, on se surprend à débuter l'enquête, à chercher la faille parce qu'on ne sait s'engouffrer dans un univers que par là, par les failles, comme un réflexe d'écrivain, une obsession épicière, et on se déteste d'avoir mis le doigt, comme le lièvre nourrit l'attirance morbide pour le collet, dans le piège tranchant de la curiosité.

Il a appâté, ferré, maintenant il tire sur la ligne et les yeux de poisson perdus dans le vide, ce sont les miens : « Reda, t'es un bon, mais on s'en carre de tes histoires de parents paumés et de gosses foutus, de tes profs de latin qui dansent avec des fantômes ou matent leur teub disparaître. Je t'offre du brut, de la première main, la vérité nue comme une chatte sur Onlyfans, l'origine de mon monde, bientôt le vôtre, pas le storytelling des convertis encravatés qui se touchent en pensant à leur futur ministère, mais l'aurore du combat, notre longue marche. »

Borborygmes, addition demandée à une girafe – inutile, Franck a un compte dans la maison –, taxi qui croit me reconnaître mais en fait non, petits cadeaux pour les gosses, embarquement, décollage, atterrissage, dépose-minute de l'aéroport Biarritz-Pays basque où Louise m'attend dans notre break électrique, grouille, ton avion avait du retard, si on traîne on va devoir payer le parking.

Puis revient notre routine, deux clopes après le coucher des enfants, sur le seuil de la maison. La nuit est un repli, le temps une conquête. Ce soir, mes reproches sont trop paresseux pour l'impressionner. C'est elle qui m'a poussé vers ce rendez-vous après le message de Franck, so what ? Je regarde l'été qui, comme un retraité, passe l'arrière-saison chez nous. Les vagues de notre carte postale cognent doucement, juste pour rappeler qu'il y a un monde dehors. Un autre monde que celui qu'on s'est construit, notre univers si confortable qu'il en devient incommodant comme les effluves une station d'épuration produisant un trop-plein de bonheur.

Depuis des mois, je cherche à racheter ma chance ou peut-être à éprouver le sort de perfection qu'on s'est lancé avec Louise, un truc entre payer sa dette de fils de prolo et passer le crash-test de la cinquantaine dont quinze ans marié. Peindre le monde depuis un parcours de golf ou un spot de surf est une routine idéale pour la bonne conscience et pour la ligne, mais on finit par rater quelques détails importants.

Je tenais un sujet en or, des Arabes morts, un sujet en bois massif, chêne, acajou, merisier, du cercueil donc du sérieux. À Mont-de-Marsan, un père criblé par son voisin de sept balles dans le dos devant ses mioches. À Saint-Cyr Coëtquidan, un élève prodige noyé par ses petits camarades dans le lac de l'école militaire. À Nanterre, un gamin abattu par la police lors d'un refus d'obtempérer…

Le tout raconté par le spectre de Malik Oussekine, saint-martyr-des-Arabes-fracassés battu à mort dans une cage d'escalier en 1986. Des jours, des semaines, à dévorer la PQR, à tamiser les pages sur la fête de la Choucroute à Colmar ou la fête de la Châtaigne de Saint-Pons-de-Thomières pour y déterrer une ligne, deux parfois, à traduire les mots drame, fait divers et altercation (où il faut comprendre : crime raciste, meurtre xénophobe et agression violente). Des mois de quête aurifique, à écouter des voix se briser au téléphone. Dans toute cette boue, je voyais déjà briller ma pépite.

« Tu tournes en rond. Ton truc d'enquêteur justicier sur les arabicides, même toi t'y crois pas » – Louise enterre le projet sur les Arabes enterrés. Elle enfonce le clou : je reste à la surface, bloqué à l'étage des bonnes intentions, j'ai peut-être peur d'écrire un grand livre, elle sait pas. Mais ce qu'elle sait, c'est que ça sort du ventre des bêtes, ces livres-là. « Et Franck, c'est une bête, Reda, la bête du siècle. »

2

Nunchakus

Mai 1985. À Tolbiac, annexe en béton de la Sorbonne, ça bourdonne. Sur les murs fleurissent les affiches de SOS Racisme. La petite main jaune éclora bientôt dans toute la jeunesse comme sur une prairie facile et bigarrée. Chacun sent poindre un printemps, sans savoir lequel. Au milieu de la colle et des ghetto-blasters, ça parle un peu des partiels et du sida.

Quand une meute d'ombres dévale les marches de l'entrée, on les connaît, on les attend. « Skin, skin, skin ! » L'écho ricoche sur les façades. Instinct immédiat : choper tout ce qui traîne, manches à balai, cutters, seaux en inox… Un chaos naissant, vite éteint. L'assaut est mort-né, les crânes rasés se dispersent comme les akènes à aigrettes, il a suffi de souffler dessus. Mais on les course, on va les fumer, on gueule les mantras, un bon skin est un skin mort, pas de démocratie pour les ennemis de la démocratie.

En voilà un, tiens, plus jeune, trop lent pour filer avec ses potes. Il a sauté les tourniquets de la station voisine, gravi les escalators avant de s'engouffrer dans un wagon, une seconde trop tard. Une alarme a immobilisé le métro en station, une dizaine de paires de poings tambourinent des slogans sur les vitres. Bientôt, ils ouvriront les portes, pourquoi a-t-il acheté ces nunchakus à la con, il ne sait même pas s'en servir. C'est la mode, comme les lacets blancs et bretelles rouges, copiés sur les nazis-skins anglais après un séjour linguistique l'an dernier. Ils vont le crever, c'est sûr. C'est tôt, quinze ans, pour mourir pour la cause, surtout si on est encore puceau. Soudain, il les entend rire, un rire crescendo mais incontrôlable, il ne comprend pas la gêne dans le regard des passagers, ni dans celui des flics qui viennent de pénétrer dans la rame. D'épais grumeaux, des grumeaux de peur, coulent le long de sa jambe sur ses boots étincelantes.

« Ce jour-là, Reda, je me suis chié dessus, mais j'ai compris : la politique, c'est choisir ce que tu es prêt à subir et à infliger. Moi, j'ai été un militant avant d'être un homme. »

Franck marche pieds nus sur le parquet, sa chemise entrouverte. Je ne suis qu'un carnet, des stylos, un silence. La maison sent l'encaustique et la terre mouillée. Les lilas sous la fenêtre, les hortensias bien taillés, la haie qui coupe le jardin du monde. Au milieu, un grand chêne, planté là comme une certitude.

« Le vieux est mort il y a six mois, c'est encore dans son jus, avait-il invité, presque détaché. On sera tranquilles. »

Le pavillon en crépi, banlieue de Bordeaux, une ancienne campagne grignotée par les enseignes : magasins de bricolage, sport, hypermarchés, des burgers, des donuts, le clinquant des concessionnaires, un laser game. Et ce sexy center qui n'en finit plus, le plus grand d'Europe avec ses vingt mille références. Les murs de la maison racontent des gens moyens en tout, mauvais en rien. Une vie aux PTT pour le père, à la cantine de Ford pour la mère. Fils unique, baptisé, pas confirmé. Colonies l'hiver, camping l'été. Des cartes postales punaisées, envoyées chaque semaine du lycée Louis-le-Grand. C'est là qu'il a appris à être quelqu'un d'autre, quelqu'un tout court.

« Ma mère ? Bouffée par le crabe, dix ans maintenant. Mais, crois-le ou non, la seule fois où le daron a chialé, c'était en 97, quand les socialos ont privatisé la Poste. »

Il les connaît, ses histoires. Il les déguste, comme un vin de garde. De ses récits, la vérité s'est brisée quelque part et je voudrais savoir où. On ne fabrique pas le même homme avec des ruptures qu'avec des glissements. Je m'entends penser qu'est-ce que t'en as bien à foutre, déglingue-le, écris d'une cruauté sans nuance, il est tout ce que tu détestes et tout ce qui te hait.

Ce miroir me rappelle que ma propre violence est sourde, planquée, que je l'ai toujours écrasée sous des mots, sous des orages avortés, sous des compromis, égarée dans les détours et les esquives qu'offre la vie lorsqu'elle est un fleuve tranquille. Franck vapote dans la pièce, fenêtres fermées, l'air lourd de tabac froid, comme son père. Pas un souffle, pas une question. Je déniche une bière dans le frigo. Je la pose sur la nappe en lino. Elle colle un peu.

« Écris tout, Reda. Je veux que tu racontes la merde, le pire. Tous les détails. Pas un oubli. » Il marque une pause, tire une bouffée de sa vapoteuse et ricane, un truc guttural, presque fauve. Il se penche un peu vers moi. Ni murmure ni secret. Rien qu'un ego hypertrophié qui prend toute la place, jusqu'à vous faire suffoquer. « Il faut que ça dégouline, tu vois ? »

Consterné, je raisonne que son aveu peut être une grâce. Je peux en tirer un ou deux fils solides, dresser un portrait, tresser une vérité. Après tout, je ne suis pas là pour raconter une trajectoire linéaire – le gamin depuis sa luge en bois jusqu'au costard italien – comme ces écrivains GPS qui se font un devoir de tout ramener dans le droit chemin. Reste que ce n'est pas fréquent, un type qui vous tend un marteau, des clous et des planches et vous lance : « Crucifie-moi ! » Mon cerveau me répète en boucle, tout ça, Reda, c'est une arnaque gigantesque.

Franck soigne les détails. Il veut qu'on comprenne bien : « Dans ces années-là, je n'étais rien, ni personne. Aux élections de 1981, celui que j'appelais déjà "Président" n'avait même pas pu se présenter. À la place, il avait appelé à voter Jeanne d'Arc. La télé l'invitait pour se marrer, le voir faire des minutes de silence pour les morts du communisme, ce genre de trucs perchés. En arrivant à Paris, j'ai rejoint la bande de la Taverne, un rade du 19e. C'était un joyeux bordel. Tout a démarré là.

« Y avait des bagarreurs, les mecs qui venaient pour la cogne, qui auraient pu être dans le camp d'en face du moment que ça déboîtait au poing américain. Y avait aussi des paumés, des orphelins de parents vivants, des oubliés de la vie, des zonards, quelques anciens paras et légionnaires. Y avait surtout un intello qu'on appelait Nerf-de-Bœuf, un givré qui récitait *Mein Kampf* en allemand pendant qu'il tabassait les types dont la gueule lui revenait pas, le genre qui débat avec lui-même à haute voix, un mec brillant qui dessinait dans un super fanzine titré *Nation-Europe Révolution-Fascisme*. On est vite devenus bons copains. Tout le monde nous prenait de haut, surtout les anciens qui avaient connu l'Algérie et l'Indochine, la vraie guerre ou les bastons mythiques des années 1960 contre les gauchistes. Nous, on s'en foutait, on allait leur montrer. Ça nous a rapprochés. »

Franck se fait archiviste de lui-même, alchimiste de sa légende, dorée sur tranche. Il dit ce qu'il veut. Il ne dit pas tout, il crante là où il faut, pose son filtre sur la vérité, comme tout le monde, mais avec l'habileté d'un professionnel. Par exemple, il ne raconte pas l'*autre* jour, tous les autres – combien y en eut-il ? – où son père a pleuré. De ce jour de Tolbiac, il ne peut pourtant pas avoir oublié les larmes amères, comme pétrifiées dans le creux de sa main, cet homme tout en angles monté à la capitale le chercher comme un bagage égaré ou un enfant perdu, ombre glissant dans la lumière rabaissante du commissariat, le regard empli d'une tristesse dense comme un brouillard. Ce père, qui fit ce que font tous les pères : feindre d'oublier les choix du fils, surtout lorsque ce sont des fautes.

Est-ce le même fils piteux, ce gosse au regard fuyant, enveloppé par les années, qui s'agite devant moi et tait le dernier jour où il entendit la voix du Vieux ? Cet appel décroché avec enthousiasme dans son nouveau bureau de député européen, en 2019, trois décennies après Tolbiac, et qui lui signifiait une rupture définitive. « Ne viens plus à la maison, s'il te plaît. »

Ce père rétif aux partis, aux syndicats, aux dieux et même aux cartes de fidélité, mais qui, depuis le cancer de son épouse, donnait tous les jours un coup de main au Secours catholique avant de passer au cimetière lui faire la conversation, ce père doux et têtu entendait bien vivre ses dernières années dans l'amour du prochain qu'ils avaient enseigné à leur garçon et ne supportait plus, même dans ce monde aux valeurs altérées où rien n'avait désormais de sens, de voir son nom et son sang propager la haine sur les chaînes info qu'il regardait le soir, seul, dans son pavillon en crépi de la banlieue de Bordeaux.

3

Le loup, le rat et la vieille taupe

À Louis-le-Grand, un nom comme une tapisserie à l'or fin, voie royale de l'école républicaine, Franck détonnait. Il venait du Sud-Ouest, avec des épaules carrées comme une porte de grange, un corps tout en force, à l'accent râpeux de ses années passées à plaquer dans la boue, là où les coups sont francs. Mais, à Paris, tout se jouait autrement. Il avait beau déployer sa carcasse de géant, tout en muscles et en assurance, il ne comprenait pas les règles du match. Franck n'était qu'une énergie brute dans une arène où les coups se portaient avec finesse. Ici, un nom était une armure, les armes étaient des murmures, des traits d'esprit, des sourires ourlés de sarcasme, et lui, malhabile, se brisait sur les lames de tous les regards. Ce péquenaud n'était pas à sa place.

Sans compassion, j'observais ce cheval mal débourré se heurter, essayer, se perdre. Moi, ce monde-là, je le comprenais. J'en avais vite percé les codes. Je venais de la banlieue rouge, cet autre ailleurs que Louis-le-Grand ignorait royalement, mais je savais m'y glisser comme personne. Je connaissais la partition à jouer : des chemises détendues, le sourire en coin, et cette manière un peu poète de pencher la tête juste assez pour laisser planer le mystère. Je me faufilais dans leurs cercles, sans même y penser. Les filles de bonne famille aimaient mes silences rêveurs, mes phrases pleines de vide. On me fréquentait comme une flamme qui, plus que tout, promettait de ne jamais brûler.

« Au bahut, je ne t'avais pas piqué une des sœurs Grangier ? J'ai baisé les deux, tu sais, quelles cochonnes, enfin, y en a une des deux que j'ai dû un peu forcer au début ! Ça aussi, tu peux l'écrire, y a prescription, hein, elle doit être grand-mère. » Franck tente une autre approche avec moi, pendant que nous dînons du poulet coréen dans les assiettes fleuries de ses parents décédés.

Je me souviens maintenant de cette intensité que les filles n'osaient pas approcher. Elles le regardaient de loin, certaines fascinées, comme on contemple un orage qui se forme à l'horizon. Une menace humaine, une beauté trop imprévisible pour s'en approcher sans craindre l'éclair.

Et dans ce coffre de chair et de violence, soigneusement dissimulée, une maîtrise prodigieuse de l'histoire et de la philosophie. La ruse, déjà.

Le livre qui pousse en moi me ronge. Je voudrais raisonner en stratège, poser les choses à plat : Franck se sert de moi, mais pour quoi, exactement ? Cherche-t-il à s'offrir une rédemption, déguisée en scandale ? Mais le pardon de qui, au juste ? Ou peut-être qu'il mise sur l'excès, sur cette démesure qui rend les autres fréquentables. Trop de bruit, trop de fiel, et soudain ses camarades auront l'air presque convenables ?

En prépa, entre 1988 et 1990, les choses changèrent. Ou, plutôt, Franck se révéla. En quelques semaines, tout mua : son look, sa démarche, son sourire. Plus élégant, plus affûté, presque solaire. Impossible, dans mon esprit, de lier cette métamorphose radicale à Nerf-de-Bœuf, pourtant de plus en plus présent à la porte de nos cours d'hypokhâgne. Ce type improbable, aussi effilé qu'un couteau de boucher, avait un regard fou, cette manière de vous fixer comme s'il cherchait à lire directement dans vos os. Un fanatique déguisé en intello, qui avait vite repéré Franck. Il avait ce don pour rassembler autour de lui une cour d'enragés. Il avait fait son bras droit de ce colosse en carton au phrasé méridional et l'emmenait traîner à la Vieille Taupe, cette librairie plus si discrète où un marxiste défroqué fourguait des trésors négationnistes.

« Nerf-de-Bœuf, c'était plus qu'un frère d'armes pour moi. J'étais seul à Paris, sa famille m'a quasiment adopté. Ils ont changé ma vie. »

Les week-ends chez Nerf-de-Bœuf étaient devenus un rituel, mais au goût d'aventure. Chaque dimanche midi, dans leur manoir vieillissant, posé comme un vestige au milieu des arbres, on dressait la table à la française :

« C'était des aristos, avec particule et tout. La crème de la crème. Et ils avaient tous fait de la taule ! Le père était énarque et artificier pour l'OAS, un type pince-sans-rire capable de faire sauter un café ou une bagnole en plein cœur d'Alger avec trois fois rien, sans une goutte de sueur ni le moindre remords. Il détestait de Gaulle encore plus que les Arabes, je crois. Le grand-père, c'était encore une autre affaire. Un grand monsieur, un seigneur, un mythe. 33e division "Charlemagne" de la Waffen-SS, un des derniers Gaulois à Berlin en 1945. Il était dans la cellule de Brasillach à la Libération, ses relations lui avaient sauvé la peau. »

De son cher Robert, fusillé, le grand-père récitait encore *Les Sept Couleurs*, par cœur : « Le jeune fasciste qui chante, qui marche, qui travaille, qui rêve, est tout d'abord un être de joie. »

« Reda, t'imagines pas la révélation pour un merdeux comme moi. »

Héros pour les siens, traître pour l'histoire officielle, l'octogénaire conduisait Franck et Nerf-de-Bœuf dans l'orangerie après le repas, avec toujours la même solennité. Là, dans cette verrière aux arêtes rouillées, avec son parfum de secret et de vieilles herbes, ils s'asseyaient face à lui. C'était leur véritable école. Ses cartes, ses livres, on ne les trouvait nulle part ailleurs. Ses souvenirs, non plus. Néanmoins, las des querelles picrocholines entre chapelles d'extrême droite, de leurs codes, gourous, scissions et excommunications, il préférait le futur à la nostalgie. « Le présent nous renie et le passé nous condamne, l'avenir vous portera en triomphe. Nous sommes des renégats, vous serez des visionnaires », répétait-il. Pour lui, tout était simple : il fallait former une nouvelle génération, une contre-élite qui ne ferait plus les erreurs du passé. Structurer, former, professionnaliser, une armée, non de soldats mais de cadres, neufs, brûlants d'audace, tout entiers lancés vers un devoir, la guerre culturelle, et son but, le pouvoir.

« Un chef n'est rien sans armée, expliquait-il d'une voix à la fois calme et tranchante. Le Président se voit comme le loup alpha, le plus féroce de la meute, mais le destin du loup n'est jamais qu'être abattu par le chasseur. Nous devons être des rats, animal peut-être plus intelligent que l'homme lui-même, ronger patiemment les marges de cette société, travailler ses entrailles, avant d'en remonter à la surface lorsque l'heure sera venue. » Ces espoirs, le vieux monsieur les avait d'abord placés dans son fils, pas le père de Nerf-de-Bœuf, son oncle, cerveau brillant, étoile montante du mouvement national, dont il fut même un moment député, avant d'être fauché par un accident de voiture aux circonstances troubles. Il désirait croire, encore, en la jeunesse et en la vie.

La maison de Nerf-de-Bœuf était aussi un rendez-vous mondain. Le Tout-Paris le plus radical défilait sous ses lambris usés. Des hauts fonctionnaires de l'ombre, ceux qui avaient bâti comme des forteresses leurs revues confidentielles après le choc de Mai 68, des conseillers d'État, des professeurs d'université, dont les airs distingués masquaient les obsessions ; chacun la sienne, sionisme, communisme soviétique, libéralisme mondialiste, péril gauchiste ou invasion migratoire. Un ego, une idée. Des missions sacrées comme des causes perdues, mais qu'importe : cela donnait matière à discuter, un verre de cognac à la main.

Le chanteur de Légion Lugdunum, improbable star de black metal, plus sombre que son eye-liner, s'invitait lui aussi, accompagné de son batteur, émerveillé de pouvoir lever des filles en chantant la race aryenne. La conversation tournait toujours de travers, mélange de grandes envolées et de blagues de mauvais goût, dans une ambiance étrangement légère, déjantée et toxique.

Les étudiants à rallonge, ces types coincés en DEUG pour l'éternité, rôdaient autour du buffet en vous causant de la prochaine élection universitaire à truquer. Des militants en cavale débarquaient parfois avec leurs sourires fatigués, le pavillon de chasse devenait alors, pour quelques heures ou quelques jours, le nid douillet de camarades traqués.

C'était surtout un carrefour. Un lieu de passage pour les anciens nationalistes devenus ministres propres sur eux, ou en sens inverse pour les dissidents du gaullisme ou de la démocratie chrétienne, soudain aspirés vers des eaux plus troubles. Un va-et-vient incessant entre des carrières respectables et des espoirs de violence totale, entre le salon et les abysses.

« Grâce au grand-père, on a serré toutes les paluches, même celle du Président, qui passait boire une prune de temps en temps. Du speed learning, comme disent aujourd'hui ces connards de start-upeurs. J'avais tiré le gros lot. En plus, il m'aimait bien, je crois… »

Le vieil homme s'était pris d'une affection sincère pour ce gaillard sans manières, sous la gaucherie duquel il avait rapidement décelé un disciple prometteur. « Je ne vous ouvre pas notre zoo pour que vous en imitiez les pensionnaires, lui avait-il glissé un jour dans un sourire. Au contraire, vous ne devrez leur ressembler en rien. Recherchez l'exotisme, passez derrière les lignes ennemies, faites-en votre biotope. Épanouissez-vous en milieu hostile. » Franck suivit à la lettre le commandement du patriarche.

Il entrerait à Sciences Po, puis travaillerait dans les médias.

4

Le bal du Singe

Une VHS, sortie d'un carton à remonter le temps. Franck la pose sur la table basse comme une relique ou un trophée, le genre qu'on montre avec une lueur excitée dans les yeux. Sur l'étiquette, griffonnée à la main : « Bal du Singe, 01/07/1995. » Il ne tient pas en place. Un gosse avant Noël.

« Faut que tu voies ça, Reda. Vraiment. Une œuvre d'art.

– C'est quoi ? »

Je me hais de poser la question. Je ne devrais pas entrer dans son jeu. Il tourne la tête, satisfait. Comme toujours, il impose son agenda.

À quoi m'attendre ? Je me laisse tomber dans un fauteuil. Affalé, pas un brin détendu. Sur l'image qui tremblote, Franck a moins de trente ans, il a réussi et il le sait. Il produit des daubes commerciales dans une grosse maison de disques. Autour de lui, mannequins à gorge scintillante, députés variés, starlettes décousues, vieux beaux du cinéma qui parlent trop fort, journalistes en cuir. En revoyant ça, Franck hurle :

« J'ai les mains faites pour l'or et elles sont dans la merde ! »

Son imitation de Pacino dans *Scarface* sent le cubain de Gironde. Pourquoi je souris à cette débilité ?

Retour à la K7 vidéo. Ça sniffe, ça cherche comment danser « Gangsta Paradise » de Coolio, qu'on met à fond pour emmerder les voisins. Le chic sulfureux, le mélange des genres, voilà ce qu'on vient s'injecter chez lui, à l'époque c'est nouveau. Surtout qu'il y a l'*autre* monde de Franck : royalistes en gilets serrés, néo-fascistes qui se marrent au cirque, souverainistes raides comme la loi, cathos tradis dont les regards brillent d'une ferveur morbide après un verre de punch... Il y a même, dans un coin timide, la fille du Président. Ce soir, Franck se sent assez puissant pour fusionner ses univers parallèles. Quatre villes sont tombées aux élections municipales le dimanche précédent, le sol du pays a tremblé, hors de question de laisser la moindre prudence jouer les trouble-fête.

« Chers amis, nous ne célébrons pas l'année chinoise du Singe, mais celle du Cochon de bois ! », les rires grésillent sur la bande où Franck trousse un mot de bienvenue. « Toutefois, le singe est sympathique et facétieux, je l'ai donc choisi comme animal-totem de cette belle soirée. » Ce n'est plus Franck, c'est Gatsby. On rit fort, on applaudit, on porte le masque de chimpanzé que les domestiques en livrée proposaient à l'entrée. Soudain surgit une silhouette en fausse fourrure. Le singe danse. Il gesticule, avec une énergie absurde, drôle, contagieuse. Certains invités l'imitent. D'autres le caressent. Tous l'acclament. Quelques insultes fusent.

« Moi je voulais un vrai singe, mais ça cague partout, ces saletés-là. En plus, les copains m'ont fait une surprise ! » commente Franck pendant que je m'enfonce dans mon fauteuil et mon malaise.

L'animal postiche et potache achève sa chorégraphie et dévisse sa fausse tête. De ce moment d'ivresse et de sueur émerge le visage à peine vieilli de Nerf-de-Bœuf et un regard différent, celui d'un être enfin complet, radieux à la place à laquelle le destin l'a assigné, en rien assombri par l'évidente inversion des hiérarchies de leur amitié.

« Putain, c'était vraiment la belle époque, y avait pas TikTok et toutes leurs applis de corbeaux. Aujourd'hui on se ferait déchirer la gueule pour une fiesta comme ça. »

Que cherche Franck ? À me faire écrire du *revenge porn* ? À éclabousser tous ceux qui l'ont côtoyé ? Je le teste avec une phrase de Thomas Bernhard : « Un être qui perçoit tout et qui voit tout et qui observe tout, et cela sans interruption, n'est pas aimé, il est plutôt craint. » Rictus approbateur :

« Regarde celle-là, elle est ministre aujourd'hui. »

Son doigt frôle la surface de l'écran comme s'il effleurait le passé. Sur la vidéo, la jeune fille rigole. Robe trop courte, coupe asymétrique, verre de champagne à la main.

« Tu imagines ? »

Sa voix se glace.

« La tête qu'elle ferait si on balançait ça ? »

Moi, je n'imagine rien. Juste le dehors, l'envie de sortir, l'oxygène, m'enfuir, mais non, je reste. Parce que je veux savoir jusqu'où il va pousser la mascarade.

« Et lui, là, tu le reconnais ? »

Il me donne un coup d'œil d'instituteur qui réprime la moindre inattention.

« Patron de chaîne aujourd'hui. À l'époque, il branchait des skins pour se faire enfoncer des boots dans la bouche, et ailleurs. »

Je ne reconnais rien, juste le sifflement dans mes oreilles ! Franck exulte. Ils feraient moins les malins si on sortait tout ça, non ? Il continue, plus excité à chaque nom, à chaque visage que je reconnais à peine dans la foule. Sa voix se fait caressante comme une menace. « Respectables, hein ? »

Il me pousse à tout noter, à tout graver. Il pense que je suis là pour ça. La vengeance, la sienne, la mienne ? A-t-il vraiment tort ? Le démasquer, les démasquer tous. Je suis là, à écouter ses plans sordides, et tout ce qui me traverse l'esprit, c'est pourquoi je consens à ça. Est-ce qu'il croit vraiment que je vais m'y prêter ? Écrire un livre dégoulinant, un règlement de comptes à ciel ouvert ? C'est comme un pari. Il parie sur ma complicité. Sur ma propre soif de vérité. À quel moment exactement j'ai signé pour être le témoin assermenté de son délire ?

Franck s'approche. À sa façon. Le type décontracté qui avance toujours un cran trop loin. Ce besoin de briser les distances. Cette excitation qui mange l'air ambiant. Ça luit. Pas de chaleur, juste du calcul. Il n'y tient plus.

« Le singe… T'as pigé, non ? »

Je ne réponds pas. Parce que non, je n'ai pas compris son show grotesque et je m'en sens ridicule. *Plutôt crever que ne pas savoir* : telle est la devise du bon élève français. Je sais que ça va venir, il met la bande sur pause et moi sous pression. Le singe est suspendu, bras en l'air, comme s'il s'apprêtait à prendre son envol dans la pièce. Franck marque un silence, il adore ce moment. Il sait. Il sait que je suis au bord, que je ne veux pas l'entendre tout en mourant de ne pas savoir.

« C'était le printemps. T'as pas oublié cette année-là, Reda ? Moussa Cissoko. »

Ma gorge se serre comme s'il l'avait mordue. Le nom résonne. Pas besoin de plus. Cinq colleurs d'affiches ont jeté un jeune dans la Seine entre les deux tours des municipales. Comme un déchet. La Seine l'a avalé, et à cet instant précis, je voudrais que le fauteuil m'engloutisse aussi. Qu'il me recrache dans la Garonne ou la Dordogne comme une chasse d'eau et me laisse serpenter vers l'océan par le jeu des confluents et affluents, des courants, méandres et tourbillons. Me barrer, loin, vite.

« Nous, on les connaissait, les types, ils nous ont tout raconté. Ils ont crié, tu sais ? Des cris de singe. Quand ils l'ont balancé du pont. C'est ça qui nous a donné l'idée. Pour la fête. »

Un frisson me fend en deux, comme un arbre gelé. Là, je pense un truc à la con, du genre « les corps volent et les mots restent ». En fait, tout s'emmêle et je vois surtout cette image célèbre, la dépouille repêchée de Moussa Cissoko étudiant français puisqu'il faut le préciser né à Argenteuil d'un père qui parfois le dimanche l'emmenait avec une canne et un goûter passer quelques heures au bord de la Seine comme son père avant lui l'avait si souvent embarqué sur le Saint-Laurent dans sa barque à pêche le père de Moussa qui n'avait jamais rien demandé pour lui et ses enfants qu'un bout de trottoir dans une ville où la vie reste un projet viable un bout de trottoir à arpenter ou à nettoyer quelques mètres carrés de bitume et d'avenir ce père qui n'est jamais vraiment remonté à la surface depuis que le maire est venu au quartier lui annoncer en personne qu'il n'irait plus à la pêche avec Moussa ni seul d'ailleurs sur les bords de Seine même quand il vit le corps de son benjamin flotter, éternel, à la une de tous les journaux du lendemain.

La VHS reprend, la fête grotesque se déploie à l'infini. Le singe danse encore, je comprends mieux le bonheur qui s'étale sur le visage de Nerf-de-Bœuf dans son déguisement. Franck est fier de leur chef-d'œuvre. Moi, je ne vois qu'un gouffre. Et je suis au bord. Incapable de bouger, de dire un mot. Je devrais partir. Couper court. Mais je reste cloué sur place, le souffle éteint. Spectateur de trop.

Je le regarde avec l'envie de lui en coller une, là, tout de suite. Une envie qui me surprend. Je n'ai jamais été ce genre de type. Le genre à se salir. Nous sommes coincés dans ce salon trop froid. Et lui, il jubile. Je me suis perdu quelque part. Qu'est-ce que je fous là ? Pourquoi m'infliger ses névroses, pour un livre turpide ou, pire, pour son plaisir pervers ? Je suis la mouche de ce gamin taré.

« Fallait bien marquer le coup. Les municipales, les victoires. C'était notre moment. Le singe, c'était comme un hommage. Personne n'a compris, sauf les nôtres. C'était un peu… subversif. »

J'enfonce mon poing dans une porte. Franck rit.

5

(Zidane) président

Dix heures, en pleine semaine. Franck et moi, nous sommes posés comme deux vieux sur des transats. Parallèles. Deux couverts sur une nappe vert gazon. Il voulait prendre l'air et, dans ce coin de ciel, le soleil est radieux. Bière pour lui, thé pour moi. Nous sommes si près l'un de l'autre que j'entends bourdonner son téléphone sans interruption. Cela ne risque pas d'être le mien, obstinément muet. Pas un message de Louise.

Franck ne prend aucun appel. Il ne filtre pas, il fait rempart. Il encaisse. Parfois, il jette un œil à l'écran couvert de notifications, comme on vérifie qu'un cœur bat toujours, puis passe une main lasse dans ses cheveux ébouriffés. Pour la première fois, je le vois sous un autre angle. Qui peut bien lui donner cette façon bizarre de ne rien montrer, de se comporter comme un chien blessé qui refuse de boiter ? J'imagine une femme, nouvelle, ancienne. Je pense à des dettes ou à un patron un peu vicieux et je méprise aussitôt mes angoisses bourgeoises.

Non, au bout du fil personne ne lui propose de changer d'opérateur téléphonique depuis un call-center à Rabat ou à Bamako. Voilà plutôt une affaire d'amis trahis ou d'ennemis tenaces, rien que notre livre puisse arranger. « Même s'ils le flinguent, il n'y a aucun risque pour Louise, les enfants ni toi », a juré mon éditeur, qui a vendu sa mère mille fois pour bien moins prestigieux que le Goncourt. Je me demande si, un jour, j'aurai cette capacité de ne jamais montrer la moindre fissure, de laisser mes douleurs se dissimuler derrière un regard absent.

« Qu'est-ce que t'as, ma couille, à me fixer comme ça, tu veux me poser une question ou bien me pomper la Francfort ? La Franck-fort, tu l'as ? »

Franck m'arrache un rire nerveux, sa diversion a fonctionné.

« Tiens, dans le bouquin, il faudra pas oublier la fin des années 1990, là oui, j'étais bien dans la merde. Heureusement, y a eu une happy end. »

Il reprend une gorgée de bière, pas pour le courage, pour l'élan, se lève et part dans une tirade. Le Franck que j'ai sous les yeux devient celui que je le soupçonne d'avoir toujours été : un type qui se raconte mieux qu'il ne se comprend.

« En 1998, t'étais où, toi ? En train de beugler Zidane président avec les autres, non ? Nous, on était dans les tranchées, ça s'éventrait à la baïonnette… »

Franck parle et je remarque pour la première fois un pli authentique sur son visage, un trait de sincérité dans sa comédie surjouée, une vérité comme sortie d'une faille entre ses paupières d'alligator.

« Quand on a commencé à gagner des élections, ça a chauffé la tête aux baronnets, et ça a attiré des égarés du Rotary, des énarques, des polytechniciens, des mecs avec des CV à rallonge, mais qui avaient jamais collé une affiche du Président. Tu vois le genre ? Les mecs qui étaient avec nous dans les grandes écoles, qui sentaient le cuir de famille et ne levaient le bras qu'en classe. Ils m'avaient à la bonne parce que j'étais blindé de thunes comme eux, ils oubliaient la crasse sous mes ongles. Du bourge qui te cause grand ménage, mais ne sait pas tenir un manche à balai. Pour ces encravatés-là, le chasseur ardennais fin comme un sanglier ou le jeune skin avec son swastika sur la nuque, ça faisait tache sur la photo. Alors très vite, ça a tourné vinaigre. Bref, cette année-là, le pays était Black-Blanc-Beur, le mouvement était balkanisé. Et moi j'étais le cul entre deux mondes. »

Franck sort à nouveau son téléphone de sa poche, d'un geste inhabituel, plutôt lent. Je me dis : il vérifie que sa vie l'appelle toujours. Son visage se redresse. À la naissance du front, une petite ride apparaît, comme une minuscule plaie mal cicatrisée d'où s'échappent des souvenirs. Quand il parle du Président, il raconte le crépuscule d'un dieu qui tombe. Pas avec la résignation du type qui vient de rater son bus ou qui observe le cours invincible d'une rivière. Un crépuscule qu'on refuse, que l'on repousse de toutes ses forces, parce qu'on s'est juré un jour de ne plier devant rien ni personne, sous aucun ciel ni face à la nuit elle-même. Un feu qui se bat contre l'obscurité, désespéré mais impitoyable.

« Le Président prenait toute la lumière. Le mouvement, l'âme du bordel, c'était lui. Alors ils ont décidé de le putscher. Et moi, je devais choisir. La belle carrière assurée, ou la fidélité. Avec Nerf-de-Bœuf, on a fait notre choix. Il y a toujours un prix à payer. T'aurais fait quoi à ma place ? »

Bien souvent, vivre, c'est regretter ce qu'on a été ou ce qu'on aurait pu être. Franck, lui, n'est pas un verbe d'état, c'est un verbe d'action.

« J'avais des bons copains dans l'autre camp, puis on pensait à peu près pareil, mais j'ai pas aimé leurs manières. Leur façon de dépouiller le Président comme des Gitans fouillent sous le matelas d'une petite vieille… ça manquait d'égards. Ils lui ont piqué la trésorerie, les idées, les cadres. T'aurais dû voir, on n'était plus qu'une poignée au milieu du désert avec lui. C'était Sigmaringen, le truc. »

Il ricane, sec, acide, ouvre une autre bière. Son regard file loin, bien au-delà de la haie pavillonnaire. Chaque mot jaillit désormais comme un éclat dur.

« Ils m'ont cramé. Ils ont déballé mon affaire de Tolbiac, la Taverne, le bal du Singe, des photos, des vidéos… Les journaux en ont fait des dossiers, de toutes les conneries qu'on avait faites. J'ai été viré de mon job du jour au lendemain. J'ai tout perdu. »

Le jardin baigne dans une lumière dorée, percée de quelques chants d'oiseaux. La bière de Franck brille comme une flaque de soleil liquide. Un instant de paix dans un monde en sursis. Je me dis que c'est aussi son soleil, même déclinant, que Franck avait choisi de prolonger coûte que coûte. Le retenir, le défendre, à coups de ruses et de loyauté. Et à coups de poing.

« On s'est pas laissé faire. J'ai trouvé celui qui menait la danse, le chef d'orchestre des coups fourrés. Le dircab pervers d'un gros maire dans le Sud. Avec Nerf-de-Bœuf, on a cramé tous les radars sur l'autoroute et on a déboulé chez lui. Et là, c'est moi qui ai repris la main. Je l'ai tabassé, Reda. Une nuit entière. Il a supplié comme un animal. »

Le silence s'étire un moment, comme si Franck mesurait encore la portée de chaque coup, de chaque fracture infligée. Puis son énergie retombe d'un coup, je le vois épuisé. Sa voix s'adoucit, se fait presque intime, comme un murmure éraillé destiné à un compagnon d'armes. Il repose son téléphone et me dévisage avec une lucidité nouvelle, un peu trouble, presque compatissante.

« T'as pas eu un seul message de Louise, je me trompe ? »

Je me crispe. Il a dû voir les creux que je dissimule, deviner un truc qui lâche à l'intérieur. Je reste figé, les yeux rivés sur cette nappe vert gazon, avec son vert trop vif, incongru, qui me paraît soudain atrocement triste.

« Elle te fait des crasses, pas vrai ? Il y a quelqu'un d'autre, quelque part. »

Rien ne pourrait être plus juste, et pourtant, l'entendre à voix haute frappe comme un coup de massue. Mes mains s'agrippent à la tasse de thé froide dans laquelle je pourrais me noyer, là, tout de suite. Je tente de balayer son hypothèse par un rire de circonstance, mais la vérité glisse dans mes paroles malgré moi.

« Je crois qu'elle me trompe. Enfin, j'en suis presque sûr. Rien d'original, le bonheur, c'est lassant à la longue. Elle disparaît souvent. Elle est absente, même quand elle est là. Je me demande même si ce livre n'était pas une excuse pour m'expédier loin d'elle. »

Franck se tait. Il m'écoute. Comme un type qui a, trop de fois, mis ses proches à rude épreuve et qui ne le souhaite à personne. L'empathie dans son regard m'étreint plus sûrement que la pitié ; c'est le regard d'un gars qui te dit qu'il est encore temps de sauver ce qui reste. Puis il lâche, calme, presque affectueux :

« Reda, si tu veux pas que ça t'emporte, rentre chez toi. Laisse tomber ce livre. Le plus important, ce sont les tiens, ton sang, ta famille. »

Je lui rends un sourire insipide et je reste là, sur ce transat. Dans le soleil moqueur, les mots s'évaporent et les questions rôdent. Deux types qui regardent le ciel. À chacun son crépuscule personnel. Franck a raison : il y a toujours un prix à payer.

6

L'an deux zéro zéro deux

Ce livre est un mirage. Il se dessine sous mes yeux, mais il m'échappe. Quelle architecture lui donner pour échapper à Franck ? Dois-je quitter son récit de minotaure, fuir son labyrinthe mental et m'accrocher au fil de l'histoire, aux dates, aux faits ? Franck est un trou noir. Il aspire tout. Exemple : le 21 avril 2002, l'extrême droite accède pour la première fois au second tour de la présidentielle en France. La seule question qui me vient est : que peut bien garder Franck de tout cela ?

Réponse : il n'en conserve qu'une joie floue. Une mémoire comme un buvard trempé d'alcool et d'adrénaline. De toute façon, depuis le bord de la scène, il ne voyait pas grand-chose. Juste les chaussures du Président, laquées et impeccables, comme deux lames luisantes. Ces chaussures-là, oui, il s'en souvient. Elles disaient plus que n'importe quel discours, martelant le bois avec la grâce menaçante d'un danseur de claquettes en bord de falaise. Ces chaussures, elles disaient tout ce que Franck ressentait. Elles écrasaient, enfonçaient, foulaient la scène comme on prend possession d'un territoire, d'un pays, d'une idée devenue réalité. Ce soir-là, elles narguaient l'Histoire.

La masse des militants se tordait, les crânes luisants du service d'ordre flottaient aux pieds du Président comme les centaines de micros, objectifs et projecteurs, les flashs éclataient par milliers. Mais ce qui brillait le plus, c'était ce cuir poli qui attrapait son regard, ce cuir qui semblait savourer la victoire dans chaque flexion. Ces chaussures disaient tout ce que Franck avait attendu sa vie entière. Elles exhalaient l'odeur d'un pouvoir retourné, renversé. Un goût de fer, quelque chose de vif, qui fait vibrer les veines. Pas une simple victoire au goût de miel et de champagne – non, il n'avait rien à faire de cela. C'était bien plus rare, plus précieux : le goût cru et parfait de la revanche.

« T'imagines pas la gueule de tous les fumiers qui nous avaient trahis. Là, on les a crevés pour de bon. Ces nazes n'ont rien vu venir. Tu parles, le Président, ça faisait cinquante ans qu'il avait commencé son marathon. »

Et moi, le 21 avril, où étais-je ? Dans la rue. Je pensais alors : comme tout le monde. Ma première manifestation. On essayait de crier plus fort que notre propre stupeur, de recouvrir le choc par du bruit. Avec nos slogans tremblants et nos mots qui tombaient à plat sur l'asphalte, c'était pas gagné. Une marée de têtes baissées et d'yeux écarquillés, de cris qui résonnaient comme une dernière prière. Ce soir-là, je les regardais, les visages, les pupilles qui brûlaient, mais qui devinaient déjà l'ironie crue : c'était la dernière charge contre l'impossible. Après on ne manifesterait plus, on n'aurait plus le temps, le courage ou l'envie. Le manque d'envie, ce mal du siècle. Nous croyions à un tsunami, c'était le niveau de la mer qui montait. Rien n'est plus irrésistible qu'une habitude en train de s'installer. L'indignation s'effrita avant même de retomber. Je défilais et regardais mon pays se débattre comme un puzzle qui sait qu'il lui manque une pièce.

« Les bobos qui chouinaient à République avec leurs pancartes "J'ai mal à ma France", c'était un peu les cocus de la soirée. »

Franck poursuit en mijotant un osso buco :

« Parce que nous on a vite compris, tout le monde y trouvait son compte. Les politiques ont inventé la “Chirac” : se retrouver à tout prix face au diable au second tour. Aux journalistes, on offrait un peu de western dans un feuilleton qui s’essoufflait. Y a que les sondeurs qui avaient les boules de passer pour des buses. Ils s’étaient tous plantés, sauf un. »

Sous le lustre jauni de la cuisine familiale, Franck hésite. C’est rare. En fait, il cherche son effet, son angle, comme un réalisateur, son prochain plan. L’homme dont il parle est surnommé le Confesseur. Le Confesseur n’explore pas l’opinion, dit-on, mais les cœurs et les âmes. Avant le 21 avril, il n’était qu’un sondeur parmi d’autres, un long type élégant perdu dans la grande charcuterie des chiffres, qui s’autorisait de temps à autre un costume en tartan. Mais lui seul avait vu venir la claque et c’était son trophée. En un soir, son nom avait fait le tour des rédactions, des plateaux, de tous les bureaux inquiets où on scrute des graphiques, jusqu’à filtrer sur les réseaux sociaux et déborder dans la célébrité. À droite, à gauche, il était partout fêté, oracle des arrière-cuisines, nouveau prophète des colères sourdes. Ses évangiles d’un peuple incompris de tous, sauf de lui, circulaient désormais comme de petites hosties.

« À l'époque, le Président m'avait confié l'imprimerie et le centre de formation du mouvement. C'était pas flambard, mais ça brassait de l'oseille, avec nos résultats aux élections, on grattait un max de nouveaux financements publics. Bref, j'écumais les restaus étoilés au frais de la princesse. Et au moins une fois par mois avec le Confesseur. »

Franck connaissait depuis longtemps celui qui, étudiant à Sciences Po dans les années quatre-vingt-dix, planquait sa rage dans des éditos sous pseudo dans la presse d'extrême droite. Celui qui, aujourd'hui encore, entretenait un blog secret, où il testait de nouvelles expressions, de nouveaux concepts ou excès, insidieusement vénéneux ou franchement épouvantables. Des trouvailles qui étaient autant de bombes à retardement.

« On sème des graines dans des têtes, expliquait-il en laissant Franck s'empiffrer de pain et de beurre truffé. L'important n'est pas l'adhésion, ça c'est un truc du XXe siècle, c'est l'exposition. Les sondages, c'est pas des chiffres, c'est un refrain. La chanson qu'on entend partout, la rengaine qu'on finit par chantonner. Une question répétée, peu importe la réponse, c'est une idée qui s'installe. Mille fois la même, et l'idée devient la seule qui compte, omniprésente comme l'encre qui s'insinue dans chaque pore de la page, jusqu'à saturer le papier. »

Chacun de leurs déjeuners était une master-class. Franck écoutait, fasciné. Ce n'était pas une technique, c'était un art. Le Confesseur ne faisait pas de prédictions, il modelait l'avenir. Une campagne, c'était une contagion à installer. Au fond, il ne fallait plus penser en slogans, mais en épidémies. Il ne fallait plus imprimer des affiches mais des souches, des germes, prêts à se multiplier. Et il en était certain : les nouveaux médias seraient des vecteurs inestimables de la pandémie à venir.

« On savait que tout restait à faire, m'explique Franck en faisant la vaisselle. Le 21 avril, pour le Président, c'était comme un Oscar d'honneur, un truc qu'on vous file au moment de quitter la scène. Pour nous, c'était la première brique d'une baraque où tout était à construire. »

De ses leçons particulières avec le Confesseur, Franck avait retenu une géographie : il fallait être partout. Cela prendrait une décennie, peut-être deux, autant dire pas grand-chose à l'échelle de l'Histoire. Il garde d'ailleurs la sensation de ne pas avoir vu filer le temps. Sans même s'en rendre compte, il appliquait, dans sa vie, l'intuition qu'il ressentait pour le mouvement : l'omniprésence.

Ainsi, à l'aube des années 2010, on le rencontrait partout dans Paris, aux meilleures tables autant qu'à la Taverne, où il chantait à gorge déployée avec les copains, Nerf-de-Bœuf jamais loin. Il se montrait au spectacle de Noël dans l'école privée de ses enfants. Sur les greens impeccables du Paris Country Club. Et la nuit, aux tables de jeux et dans les bars scintillants de l'Étoile et du 16ᵉ. De plus en plus souvent, il y sortait avec la fille du Président, qui raffolait des karaokés et des cosmopolitans. Leur petite bande était heureuse mais jamais insouciante, ce n'était pas la *dolce vita*, mais une veillée d'armes. Le présent se savourait d'autant plus que le futur s'annonçait combat.

Le Confesseur, s'il se joignait parfois à eux, toujours la manche alourdie d'une nouvelle montre de luxe et d'un nouvel éphèbe, n'avait pas leur patience : il hantait l'Élysée en éminence grise. Il pouvait, expliquait-il, enfin contaminer à grande échelle la droite traditionnelle. Tout en facturant ses oracles des fortunes colossales ; comme ces marabouts qui vous poussent à vider vos comptes pour retrouver l'être aimé, en l'occurrence l'électeur. Surtout il ne portait pas la fille du Président en haute estime, ne supportait ni son rire bruyant ni ses ternes études en Suisse, et la jugeait pour tout dire indigne d'être conseillée par lui. Mais pas par Franck.

« Un soir, en boîte, il m'a pris à part et m'a lâché : "Francky, elle est nulle, mais tu connais le Vieux, il voudra sauver la marque et la dynastie. Prends-la en main, forme-la, fais-la chanter en play-back si besoin. Après tout, faire des tubes avec des chanteuses qui n'ont pas de voix, c'est ton truc, non ?" »

7

À la broche

Le pavillon est toujours un rectangle blême. Ce soir, pourtant, la maison s'anime. Presque malgré elle. Franck a ouvert grand les fenêtres, allumé chaque pièce, et le jardin s'illumine de petites guirlandes accrochées aux arbres comme des lucioles domestiquées. La demeure elle-même semble étourdie par cette frénésie qu'il lui impose. Élise, sa femme, vient d'arriver pour le week-end. Leurs grands enfants aussi. Les convives entrent par grappes. Des amis d'enfance, des copains du coin. Chemises propres et rires gras. Ils respirent la réussite comme d'autres sentent la mer ou la forêt. Franck les accueille à bras ouverts, les touche, les attrape, les capte, il fait passer les bouteilles, vin, champagne, cocktails, traque le verre vide, pousse à se resservir. Bientôt les pièces débordent et le jardin parle trop fort. Il a pris un extra pour s'occuper du bar, et un autre pour faire tourner la viande à la broche. Les viandes, plutôt.

« Le cochon de lait est une tuerie. Mais tu bouffes pas de ralouf, toi, Reda, si ? De toute façon, le maître rôtisseur a aussi préparé de l'agneau à la ficelle et des poulardes des Landes. »

Assis en retrait, je bois frais et tranquille. L'immense table de jardin ploie sous la débauche de nourriture. Ces derniers jours, Franck a laissé entendre que nous partagions un même mal, ou du moins le même questionnement : le couple, la paternité, et la peur sourde de perdre l'essentiel. Pourtant, j'ai sous les yeux un clan soudé qui célèbre l'anniversaire de son patriarche. Est-ce que tout ça n'était qu'un jeu, une manière pour lui de m'amadouer, de m'attirer dans ce cercle ?

« Ça va, mon grand, tu t'amuses ? Goûte le foie truffé, le petit Jésus en culotte de velours. Tu peux, c'est du canard ! »

Le message de Louise me revient en tête. Elle veut parler, disait son texto ce matin. Pas un mot de plus. J'imagine des scénarios, je les rejette aussitôt. Dans ce tourbillon de pensées, le sens de ce séjour me glisse entre les doigts. Franck m'a invité ici, m'a plongé dans une vie factice, et je me demande à présent ce que je suis venu chercher. Ce livre, que je pensais écrire sur lui, sur une époque, sur nous, semble de plus en plus flou, presque dérisoire. Peut-être que l'ogre est plus subtil qu'il n'y paraît. Peut-être qu'il m'a dévoré à petites bouchées, sans même que je m'en rende compte.

L'air est saturé de Franck. Dans mon verre, le whisky brille comme une mauvaise idée. Me revient une blague de mon père, quand il voulait m'encourager : « Il n'y a que les lamantins qui se lamentent. » Je pense : aujourd'hui, on trouverait sans doute grossophobe de dire ça à un gosse. Mais le message traverse la bulle d'alcool qui commence à se former autour de mon cerveau : il est temps que je me bouge. Franck fait le tour des invités avec une coupelle en forme de coquillage, remplie de cocaïne. Je peux lui demander ce que je veux. Tenter de lui soutirer ses vrais secrets.

« On l'a créée, y a pas d'autre mot. De A à Z, on lui a tout appris. À dresser les vieux qui préféraient son père. À cajoler les électeurs dans sa circo de cassos. À savoir parler et quand fermer sa gueule. On l'a relookée. J'étais à la fois son coach, son confident et son porte-flingue. C'est moi qui ai imposé à tous de l'appeler Présidente.

– Je sais tout ça, Franck, je sais, tu me l'as déjà dit mille fois. Ce que je voudrais savoir, mais vraiment, c'est… si tu l'as tringlée, baisée, soulevée, la grosse ! »

Quelques invités se retournent. Un bourgeois de province, ça se retourne quand on parle trop fort, c'est même à ça qu'on le reconnaît. Élise est dans la cuisine. Il me jette un œil glaçant, un regard à la Nerf-de-Bœuf, puis éclate de rire.

« Allez, t'es bourré, arrête avec tes airs de juge d'instruction et reprends plutôt des huîtres. T'aimes, ça, les huîtres ? Y a huit douzaines à finir. Elles sont pas mal, elles viennent du Ferret. »

Qu'est-ce que j'espérais ? Un homme en désordre ? Le bousculer avec ma provoc grossière ? Toucher quelque chose en lui, tremper ma plume dans une fêlure, l'entendre exprimer des regrets peut-être, un souffle de douceur. Je me retrouve témoin de son triomphe. Ce n'est pas une confession, mais une victoire qu'il m'impose.

Avec mes arabicides, je voulais balancer des vérités, crues, d'un monde qui respire par le tranchant. Je voulais quitter mon cocon, creuser la chair, aller là où ça cogne et où ça pue. Je m'entends répondre « saignante » au gars qui me propose de la côte de bœuf.

Franck continue de remplir les verres, les ventres, les blancs qui menacent de s'insinuer dans la moindre conversation. On pourrait coller sa photo dans les manuels de latin : *dominus*, le maître, dérivé de *domus*, la maison. Franck surplombe ses invités comme il le fait avec moi depuis quelques jours et l'a fait, il y a plus de quinze ans, avec la Présidente en devenir. Faut-il être bouffi d'orgueil et de naïveté pour avoir imaginé, un instant, le battre, qui plus est ici, sur son terrain ?

Une pièce montée sort de la cuisine en se dandinant sur « Happy Birthday », fontaines lumineuses de rigueur. Derrière, Élise et les enfants. À côté d'eux, le mot « perfection » lui-même doit se sentir complexé. Un garçon, une fille, « le choix du roi », a-t-il cru nécessaire de préciser à leur arrivée, avant de me glisser : « Avec leur mère, on se demande si la petite n'est pas lesbienne, elle ramène jamais de mec à la maison. Sa mère flippe, moi je m'en fous. Il y a d'excellentes patriotes qui bouffent des chattes. » Aucun ne touche aux flûtes de champagne. Ils repartiront bientôt vers Paris, le fils au volant pour soulager sa mère, permis en poche, révisions qui n'attendent pas. Louis-le-Grand, la classe de seconde pour elle, la prépa pour lui. À la lueur des lampions, je remarque qu'Élise a le même tatouage que son mari, à la cheville, caché sous une chaînette en or. L'aîné aussi, sur le poignet, comme son père. Sa sœur, enfin, le plus visible, derrière l'oreille droite.

Pour le chef du clan, la génétique est une idée et les idées sont génétiques. Une vie avec Franck, cela laisse des marques.

Derrière moi, un esclandre. Pas seulement Franck qui parle fort. Un ou deux hurlements, des onomatopées qui s'écrasent sur de la chair flasque. Je distingue : « On est chez moi, ici, et chez moi tu respectes mes invités ou je t'éclate, grosse merde, allez, barre-toi ! » Un type ramasse sa veste et sa femme, mais pas sa dignité. Il s'éclipse le nez en sang. Quelques instants plus tôt, perdu dans mes pensées, je ne l'ai pas entendu lancer à Franck, hilare : « Et le *gnoul*, qu'est-ce qu'il fait là, il s'est perdu ou bien t'ouvres un centre pour migrants ? On sait qui c'est, hein… » Dans un sourire, Franck s'est approché, puis l'a corrigé devant l'assistance mi-gênée, mi-amusée. Coups de pied, poing, tête, comme un maître rosseur.

Au fond, que veut-il montrer ? Peut-être qu'il a besoin de redorer son blason, de passer pour le gars bien, le mec entier qui cogne fort mais juste. Un héros de péplum, ou un cow-boy prêt à défendre son territoire et ses invités. Toujours avec une main tendue pour le perdant, un clin d'œil pour le faible. Et s'il avait tout arrangé, comme un match de catch ? Pour que je le décrive tel qu'il voudrait être vu ? Je pense : mon pauvre, tu deviens parano.

La fête s'épuise. Les rires s'étouffent, se mêlent aux voix mouvantes des convives en partance. Dans les arbres, les guirlandes sont éteintes elles aussi, comme pour dire « allez, au lit ». Comme des paupières lourdes qui se ferment enfin. Élise et les enfants sont déjà loin, avalés par l'autoroute. On devine encore, dans l'air, leur monde parfait. Quelques invités se congratulent d'avoir survécu à ce banquet, qui n'est plus qu'un champ de bouteilles décapitées. Miettes de verre où la lumière du matin renaîtra.

Franck, lui, est encore là, assis sur le bord de la terrasse en bois, son regard comme une étoile sous la cendre : il a dompté le ciel ! Il brandit une dernière bouteille comme un trophée, un peu flou, un peu vif. Rien ne compte plus. On savoure l'épilogue d'une soirée qui n'a peut-être été qu'une illusion. Tout s'apaise. Un moment de trêve. Il lève son verre. Un geste simple. La nuit, enfin, nous enveloppe.

« Tu sais, Franck, le plus bizarre, c'est que, dans d'autres circonstances, on aurait peut-être été amis.

– Oui…, répond-il. Ou dans d'autres circonstances je t'aurais peut-être jeté d'un pont. »

8
Influence

Réveil, les tempes trempées d'une nuit acide. Franck dort encore. J'erre dans la maison à nouveau figée. Un salon-salle à manger même si on n'a jamais beaucoup reçu, trois chambres parce qu'un jour il y aurait les petits-enfants. Ici quatre murs de rêve français vous contemplent. À travers les cloisons en placoplâtre, on entend son téléphone vibrer sans cesse. Ce même bruit, aussi acharné, je ne l'ai entendu qu'en 2015. Je n'avais pas réveillé Louise, tombée d'épuisement après une garde. Elle m'avait incendié. Décidément, je ne comprenais rien à son boulot, pas la peine de l'attendre pour le petit déj, et non elle ne rejoignait pas un mec quelque part, on avait besoin d'elle aux urgences. C'était le soir du Bataclan.

Je n'ai aucune envie de revivre ces souvenirs avec Franck. D'entrer dans cette pièce-là de ma mémoire avec cet homme-là. Dans cette salle. Sur ces terrasses. Les copains, les copains de copains, les enfants des copains, les copains des enfants, à la renverse, comme le pays. Sait-il seulement faire autre chose, à la vue d'une plaie, que l'aviver ? En trempant sa tartine de beurre salé dans son café au lait, il marque une pause.

« Les fiottes qui déposent leur petit colis piégé et se barrent, ou l'autre qui a dessoudé les petits Juifs dans leur école à Toulouse, c'est des merdes humaines. Mais un bonhomme qui déboule kalach' à la main en sachant qu'il repartira pas vivant, c'est différent. Mourir pour ses idées, son pays, sa race, ça me parle. » Franck me scrute, se la joue intense. « Et puis on est en guerre, Reda, y a que les mecs comme toi pour se voiler la face. »

Le fond, la forme, il veille à ce que tout me révulse, plus encore que ma gueule de bois.

Dans ma tête, une frise chronologique aux césures insensées. Les attentats de 1995 avec leurs bonbonnes de gaz remplies de clous et d'écrous. Le 11-Septembre, les avions, les tours. Merah qui se filme en 2012 avec sa GoPro, tirant sur les gosses de l'école Ozar-Hatorah. *Charlie Hebdo*, où écrivaient tant d'amis, décimé en quelques minutes. Ces années à se sentir comme une silhouette de travers, coupable de rien, comptable de tout, souvent suspect, toujours meurtri. Je me regarde dans une cuillère, qui me coupe le visage en deux. Une moitié familière, et l'autre, étrangère.

Pour Franck, 2015 avait des allures de grand cru. Le bureau national l'avait parachuté dans le Sud-Est, un territoire prêt à tomber comme un fruit mûr. Aucune racine, aucun ancrage, juste un mas provençal flambant neuf pour faire plaisir à Élise et aux enfants – et surtout pour le prestige. Pourtant, il avait failli arracher la Région à un vieux notable socialiste, à l'accent aussi contrefait que les papiers de ses domestiques.

« Ce fils de pute a osé appeler au cordon sanitaire contre moi, et ces vendus de droite ont répondu à son appel républicain de mon cul, et la main sur le cœur encore. La vérité, c'est qu'ils voulaient qu'on fasse alliance si je leur lâchais la tête de liste au second tour. Ces gens n'ont aucun honneur. »

Le soutien inconditionnel de la Présidente à sa candidature inspirait les rumeurs, attisait les jalousies, et cela lui plaisait. Franck ressemblait désormais à ces éoliennes qui, quel que soit le vent, restent bien plantées dans le paysage, toujours prêtes à capter les courants du moment.

D'ailleurs, ce qui le fascinait le plus, c'était une bande de jeunes geeks déchaînés qui, en quelques années, allaient devenir les nouveaux princes de l'influence la plus extrême. Pour lui, ils avaient conçu une campagne aussi radicale qu'efficace. Les vieilles rengaines – « 3 millions d'immigrés, 3 millions de chômeurs » –, c'était fini, ça avait fonctionné, mais il était temps d'avancer. Ces gamins-là s'étaient saisis de nouveaux codes, du glamour dérangeant, du divertissement féroce.

L'idée de leur campagne ? Pas un mot. Juste des images : Brigitte Bardot, Isabelle Huppert, Carla Bruni, Marion Cotillard, des chanteuses, actrices, vedettes voilées d'un hijab noir. Rien d'explicite, mais une photo choc, une semaine de scandale national et d'indignation profitable. Dix points gagnés en un mois.

Franck les couvait d'une admiration presque paternelle. Au service de la cause, ils parlaient en community managers, dans leur sabir si différent de la langue patinée de la bureaucratie militante : putaclic, reach, engagement, feed, algorithme, micro-influenceur, conversion, troll, live stream, trending topic, branding personnel, stratégie de contenu… Ils transformaient les discours qu'il avait si longtemps fallu maintenir feutrés, suggérés, cachés, en un show addictif. Ils prenaient leur haine par la main et la traînaient sur les plateaux, la distillaient en stories et la monétisaient en abonnements. Les vidéos devenaient virales. Les hashtags pullulaient. De jeunes gars pleins de testostérone se filmaient dans les cols pyrénéens, traquant des clandestins à la frontière comme des cerfs en forêt. D'autres partaient en bateau déployer des banderoles sur les côtes de Méditerranée : « Refugees Not Welcome », « Non à l'Europe passoire ! »

« Tu sais, la petite meuf dont tu t'es inspiré pour ton personnage de Joséphine…

– Dans *Mehdi est parti* ?

– Ouais, ben, elle a commencé dans ma campagne. Une bénévole surdouée ! »

La jeune femme dont Franck me parle, à l'époque pasionaria de vingt ans, compte aujourd'hui un million de followers pour ses vidéos. Elle y enseigne comment être une « tradwife », entre recettes de cupcakes et conseils pour simuler le plaisir pendant un viol conjugal. Ces gamins ont réinventé la brutalité en business. Ils peuvent tout dire, là où Franck a toujours dû jouer de duplicité. Quand ils dégoupillent leurs *vérités* sales, c'est avec l'aplomb d'un stand-up, la confiance insolente de ceux qui n'ont jamais eu à baisser la voix. Franck sait que le monde leur appartient désormais. Ils ont les armes qu'il n'a jamais eues, la liberté du direct, l'arrogance du viral, le plaisir de dévorer le monde en une poignée de clics. Et pour la première fois, il se sent, comme il en a lu chez Hugo et Céline, un *homme du siècle précédent*. Ce territoire qu'il a tant rêvé de conquérir ne lui appartient déjà plus tout à fait.

« On était à la pointe avant tout le monde. Les hackers de Poutine nous avaient à la bonne. On a même approché Cambridge Analytica, mais ils ont refusé de bosser pour nous. Cambridge Analytica, tu vois de quoi je cause ? »

Je hoche la tête d'un air assuré, et file discrètement sur Google chercher à quoi il fait référence. Je survole les pages… « Plus de 80 millions de profils Facebook piratés… Cinq milliards d'amende pour la firme de Mark Zuckerberg… Des utilisateurs enfermés dans leur bulle informationnelle…Un lanceur d'alerte témoigne devant le Sénat américain : il n'y aurait pas eu de Brexit et Trump n'aurait pas gagné sans Cambridge Analytica ! »

La technologie n'était, toutefois, qu'une facette du vaste changement d'échelle que le mouvement allait connaître. La Présidente se dota de l'armée nouvelle qu'appelaient les circonstances. Dircab, chefcab, conseillers techniques, lui fournissaient notes, rapports, éléments de langage… Devant des PowerPoint léchés, on parlait segmentation d'audience, ciblage stratégique, agilité, avec ce petit ton assuré – le seul véritable enseignement des grandes écoles.

Pendant les réunions, les cadres commandaient des sushis ou des poke bowls, histoire d'être urbains. Dans les fédérations locales, on passa au tri sélectif : la vieille garde, le genre à faire des posts Facebook rageurs sur les Noirs et les Arabes de l'équipe de France, fut remplacée par des jeunes gens modernes comme des figurants de pub pour dentifrice. Des costumes sans tache, ou presque. Dans cette montée en gamme, tout se lissait, se tendait vers une seule promesse : chacun savait que, lorsque le moment viendrait, il faudrait être prêt.

« Après 2017, on a sérieusement professionnalisé le bordel. Et la Présidente, on lui a vu pousser des burnes. »

Franck poursuivit son ascension, Nerf-de-Bœuf dans son sillage. Il sentait la différence, la déférence surtout, lorsqu'il prenait la parole devant le bureau national. Dans les couloirs du siège, ses pas résonnaient plus fort que les autres. Lui seul poussait la porte de la Présidente sans frapper. Cet accès, ce privilège presque intime, faisait et défaisait les carrières, les réputations, les investitures, à commencer par la sienne.

Son Graal, ce furent les européennes de 2019. Là-bas, au Parlement de Bruxelles, il retrouva avec joie d'anciens camarades de lutte. Alessandra Mussolini, descendante bruyante et impeccable du Duce. Ou Dschambaski, le petit frère bulgare, qui s'illustrerait bientôt par un salut nazi dans l'hémicycle avec le naturel d'un milicien en grand uniforme. Franck façonnait le mouvement, la Présidente et son propre avenir avec la précision d'un sculpteur au burin.

Voilà quatre jours, non, cinq, que nous cohabitons et c'est la première fois que je sens la nostalgie prendre le dessus chez lui. Une odeur de bonheur enfui flotte dans la maison. Pour le déjeuner, il a préparé un confit de canard et des pommes sarladaises, la graisse embaume tout. Sa mère les cuisinait pour sa tribu, lorsqu'ils débarquaient en Porsche Cayenne au détour d'un week-end au cap Ferret.

Si elle avait vécu assez longtemps, elle aurait peut-être été fière de lui. Pour son père, la vie s'était chargée de lui donner la réponse. De toute façon, peu importe, cela en valait la peine. Après le triomphe de 2019, il était craint à sa juste valeur. L'homme de plus en plus respecté d'un parti toujours plus respectable. C'était le mot à la mode. Respectabilité. À observer ce corps de lutteur, mal taillé pour l'étroite cuisine de ses parents comme pour leur vision du monde, c'était à se demander comment un simple mot avait pu causer sa perte.

9
Fidèle

On n'avait jamais ressenti ça à Pierre-Mauroy. Ce soir de mai 2022, le stade de Lille était une immense bassine qu'un robinet remplissait d'hommes, de femmes, de familles, déjà militants et nouveaux curieux. Celui-ci était plus excité qu'au dernier concert de Johnny avec les gars du boulot. Celui-là plus bouillant qu'à n'importe quel derby entre le LOSC et les Sang et Or avec les copains. Comme ivres avant la première bière. Sur les écrans géants s'enchaînaient des clips de campagne. Là, on n'était pas devant sa petite télé, dans son petit canapé, au milieu du petit salon de sa petite maison. On était dans la Grande Histoire projetée sur soixante-dix mètres carrés de LED. Il allait se passer quelque chose d'extraordinaire. Franck et le grand moment arrivaient. Les milliers de mains applaudissaient.

Ça chantait, ça buvait, ça agitait des drapeaux flamands, et le drapeau bleu-blanc-rouge bien sûr. Ça lançait des olas et des *Marseillaise*. Sur les sièges, des pancartes bleu vif formaient une vague compacte prête à se déchaîner. Pas ces vagues colériques et désordonnées qui engloutissent navires et équipages, plutôt ces rouleaux disciplinés, sûrs de leur force, qui consentent parfois à soutenir les navigateurs audacieux. Rien de menaçant, juste une attente qui montait autour de la scène et de son pupitre en forme de proue. Franck ne tenait pas le gouvernail, il ne haranguait pas les hommes, ne se prenait pas pour le capitaine. Il arpentait la scène-pont avec son micro-cravate comme un second fiable et un canonnier appliqué. Lorsqu'il parla, la vague s'anima, réagissant et gonflant. Sous le bruit du sac et du ressac, on n'entendait pas toujours ce qu'il disait, mais on s'en foutait. Sa femme et ses enfants apparurent sur l'écran géant. Ils étaient beaux.

« Trente mille, Reda, ce soir-là, y avait trente mille gus en train de nous acclamer, tu sais quelle trique ça donne ? »

Le vice-président Franck Lavallière faisait le job. Comme un artiste de première partie qui sait chauffer le public sans abuser de sa patience, il annonça sans trop tarder la véritable vedette. On sentait les rangées du stade vrombir. Comme ces fusées de parcs d'attractions grâce auxquelles chacun peut se mettre dans la peau des astronautes, ou au moins dans leur arrière-train. *On est chez nous*. Franck eut presque la trouille que tout s'effondrât comme à Furiani. *On est chez nous. On est chez nous*. À mesure qu'elle fendait la foule, la clameur grandissait. *On est chez nous. On est chez nous. On est chez nous*... « Mesdames et messieurs, amis patriotes, je vous demande d'accueillir celle qui est aujourd'hui présidente de notre mouvement et qui, demain, si chacun de nous se montre à la hauteur de son courage, présidera notre pays... » Elle l'embrassa. Il s'assit derrière elle, avec les huiles du parti. À l'oreille de Nerf-de-Bœuf, il glissa : « On a trimé, mais cette fois-ci c'est la bonne. »

Au Novotel du lendemain, Franck émergeait de cette nuit grandiose dans l'aube uniforme des chambres d'hôtels. Allongée à son côté, son assistante – brune aux seins de lait, cinq langues au compteur, fraîchement diplômée de la London School of Economics – lui tendit son téléphone, exaspérée. L'écran éclaira le visage brouillé de Franck. Notifications en cascade, déluge d'indignations, condamnations enflées.

La genèse : une vidéo. On l'y voyait, dans le salon cossu du président honoraire, sourire cauteleux, whisky à la main, au cœur d'une petite assemblée. Deux voix échangeaient, feutrées, inimitables :

« Moi, vous savez, Président, ces débats à la con, ça m'épuise. Le pire, c'est les trans. Ceux-là, ils sont bons à enfermer.

– Eh oui, mais le problème, voyez-vous, cher ami, c'est qu'on ne saurait pas lesquels caser dans les camps mâles, lesquels dans les camps femelles, n'est-ce pas ! »

À l'image, la troupe riait. Franck riait. Le Président riait.

Le mardi suivant, 18 heures, bureau national. Regards fuyants, mains jouant machinalement avec des stylos, ou faisant tourner des montres sur des poignets. Personne ne riait. Au début, Franck haussa les épaules, sourcils levés face aux mots : excuses, communiqué, sanction symbolique. Puis la colère monta d'un coup, vive et froide, comme une batte sortie d'un coffre de voiture. Une rage sombre, rentrée, trop familière maintenant. Cassant, comme c'était de plus en plus fréquent au BN, Franck se fichait de flirter avec la ligne, même de la franchir.

Ce n'était pas d'hier. Ses éclats avaient laissé des traces. N'avait-il pas théorisé, poing sur la table, qu'il fallait radicaliser les Gilets jaunes ? N'avait-il pas soutenu les anti-vax les plus complotistes en pleine Covid ? Sa lecture tranchait comme l'acier : la France était un volcan, dont il fallait attiser la lave, l'encourager, la faire déborder de toutes parts. C'est ainsi que se gagnerait le pouvoir, pas dans les alliances de velours. Dans les brasiers de la conflictualité, les fractures bien tracées.

Autour de la table en U du bureau national, ses idées inquiétaient, suscitaient des mines crispées, mais aucun élan frontal contre lui. Pas encore. Franck avait su placer ses proches aux postes stratégiques du mouvement. Nerf-de-Bœuf avait récupéré ses anciennes fonctions, ainsi que la trésorerie du parti. Ses « capos », comme il plaisantait parfois, assuraient ses arrières. En dépit de ses excès, il restait en pole position pour remplacer la Présidente à la tête du mouvement, quand elle prendrait la tête de l'État. D'ailleurs, interrogée lors d'un déplacement sur un marché, elle éteignit l'incendie : « Franck Lavallière est victime d'une grossière manipulation dont personne n'est dupe. À travers lui, c'est tout le mouvement patriote qui est visé. »

« Ces fumiers de journalistes m'ont plus lâché. Je suis devenu leur sujet préféré, à ces connards… »

Dans la demi-pénombre du salon, le visage de Franck s'est durci comme la faïence à l'étape du grand feu.

« Ils ne me laissaient même plus honorer mes morts. »

À l'été 2023, *Le Monde* l'avait crucifié. L'enquête avait soufflé les murs des locaux désertés du parti. Un article fleuve sur Lavallière : mille détails déroulés sur six pages, chacune plus accablante que la précédente. On y découvrait Franck participant à une cérémonie néopaïenne de Samain, sous la lune d'automne, quelque part au cimetière de Charonne. Il s'y tenait, grave et théâtral, entouré d'une poignée de types encapuchonnés. Le célébré ? L'aïeul de Nerf-de-Bœuf, dont les milieux d'extrême droite se transmettent la légende à la façon d'une flamme sacrée depuis sa disparition. Une mythologie de la terre et du sang. Pas de croix chrétienne, que des runes gravées dans la chair, des torches plantées dans le sol humide. Le grand-père avait eu pour dernière volonté d'être inhumé près de son ami Robert. Lorsque les militants se dispersèrent, Franck n'avait pas pu s'empêcher de faire un détour par cette autre sépulture.

« Mais qui va fleurir la tombe du collaborationniste Robert Brasillach un dimanche matin entouré de néo-nazis ? » interrogeait l'article, qui n'en restait pas là. Il fouillait, fouaillait, creusait plus loin encore. La journaliste avait été partout déterrer des détails dont il ne connaissait même plus l'existence lui-même.

Les lignes déroulaient les noms d'anciens militants ayant trouvé refuge chez lui. Des hommes violents, recherchés par la police. Les motifs étaient divers, tous sidérants. Terrorisme white power, agressions racistes, trafic d'armes, mercenariat en Afrique ou en Ukraine. Des Français, mais pas seulement. Une discrétion minutieuse, comme jadis le grand-père de Nerf-de-Bœuf dans son manoir. Il avait cessé ces hébergements clandestins après son élection au Parlement, plus de trois ans auparavant, mais on ne lui ferait rien renier de ce qu'il avait fait. Fidélité.

La Présidente fit le dos rond et resta mutique. Les cadres du mouvement reçurent, sur la boucle WhatsApp qui distribuait les éléments de langage, l'interdiction formelle de s'exprimer sur le sujet. On pouvait compter sur les chaînes info pour passer rapidement à une autre actualité.

À la rentrée, la gêne flottait toujours, tenace, comme une mauvaise odeur que personne n'osait vraiment nommer. Dans les pages « indiscrets » des magazines, les langues se déliaient doucement. On y lisait que la Présidente, sous des prétextes de plus en plus minces, quittait soudain la pièce au beau milieu des interventions de Franck, pour prendre un appel urgent ou faire un déplacement imprévu. Anonymement, certains évoquaient même un entourage à bout, lessivé par le caractère du vice-président, les démissions qui pleuvaient plus vite qu'on ne pouvait embaucher.

L'un d'eux, « Julien », le prénom avait été changé bien entendu, racontait avoir assisté à une scène mémorable. Des éclats de voix qui fusaient. Franck, hors de lui, balançait : « Entre les Noirs, les Arabes et les gays, ce mouvement, c'est devenu une pub Benetton ! Tu crois que notre électorat attend ça ? » La porte qui avait claqué derrière lui. Était-ce vrai ? Peut-être pas tout à fait. Mais, quelque part, ça sonnait juste.

L'une des « confidences » était bien réelle, douloureusement réelle. Franck n'avait pas été invité à la réunion désormais régulière de la Présidente avec quelques fortunes colossales possédant la moitié des médias du pays. Lui n'y avait vu qu'un incident mineur. Après tout, elle avait dû compter avec Nerf-de-Bœuf, désormais aux manettes des finances. Et il aurait l'occasion de croiser ces ultra-riches et leurs plans pour le renouveau national lors d'un prochain week-end de chasse en Sologne.

« … ce qu'on est prêt à subir et à infliger. »

Franck laisse glisser ces mots entre ses lèvres, en oubliant presque ma présence. Posté devant la fenêtre, il écarte le rideau d'un geste inhabituel, comme s'il vérifiait que la nuit est vraiment elle-même. Son regard impénétrable fixe le jardin comme une mer endormie. À ce moment précis, j'aimerais pouvoir dire que ma méfiance, elle, ne dort que d'un œil. C'est faux. Je ne vois pas les ficelles. Il y en a, c'est certain, mais je ne les vois pas. Peut-être qu'il veut passer pour le dernier samouraï, le genre qui tient la loyauté tout à la fois pour une armure, une éthique et une raison de vivre.

Je ne vois que son dilemme, qui occupe toute la pièce. Qui occupe toute sa vie. Chaque victoire l'éloigne davantage de l'homme que rêvait d'être le jeune skin de Tolbiac, mais aussi du nouveau mouvement, du nouveau monde, qu'il a tant contribué à faire naître. Chaque pas en avant ne l'a conduit, toute sa vie, que vers l'abîme.

Janvier 2024. Six heures du matin. La brigade financière perquisitionna le domicile de Franck, dans l'affaire de l'imprimerie et du centre de formation des élus, mais également dans le volet français des détournements de frais de mandat au Parlement européen.

« Ils ont tout retourné, Reda. Les chambres des gosses, le moindre tiroir, ils l'ont renversé. On était à poil avec Élise au milieu des mecs de la PJ qui foutaient tout en l'air. Menottés. Direction la gardav'. »

Quelques heures plus tard, un communiqué l'excommunia sobrement : « Le bureau national de notre parti, s'il respecte la présomption d'innocence, a décidé d'exclure monsieur Lavallière de l'ensemble de ses fonctions et de sa qualité d'adhérent. Les agissements qui lui sont reprochés portent une grave atteinte aux combats du mouvement national, dont les adversaires tentent de manipuler politiquement ces errements personnels. »

« Le communiqué, c'est Nerf-de-Bœuf qui l'a rédigé et fait voter, c'est drôle, non ? Le reste aussi, ça devait être lui, la vidéo des trans, l'hommage à Brasillach, les fuites sur les finances… »

Je me surprends à prendre parti. À déplorer que les fils de famille l'emportent toujours sur les parvenus. À jongler avec l'étymologie. « Fidèle », de *fideis* en latin, celui qui a la foi. Franck y croyait sûrement plus que les autres. Je me dis que tout ça c'est surtout des conneries qui ne me concernent pas et qu'ils peuvent bien se bouffer entre eux, ça me fera des vacances.

Lui se tait. Son téléphone clignote dans l'obscurité. Il décroche enfin. Élise, au bout du fil, souffle son inquiétude, les mots serrés sous la gorge. S'il te plaît, Franck. Fais attention, ne reste pas seul. Sa voix ne tremble pas, mais elle veut qu'il entende sa peur. Il la rassure, fait encore le fier-à-bras. Ils peuvent venir. Il ne finira pas comme cet indic de la police, noyé dans sa piscine. Ni comme l'un des fondateurs du mouvement, proscrit lui aussi juste avant d'être carbonisé par une bombe placée sous sa voiture. Ni comme ce député, abattu en pleine rue par un motard, après avoir suggéré une opération mains propres dans le parti.

Ce qu'Élise redoute vraiment, c'est autre chose. Ce qu'elle craint, c'est lui. Lui, avec lui-même. Elle l'imagine, flirtant avec cette idée qui la ronge depuis des semaines. Qu'il s'efface, qu'il précipite sa propre fin. Pas en martyr éclatant, pas sous les projecteurs, mais dans un geste sourd, épais, intime. Elle a peur qu'un jour, en pleine nuit ou dans la lumière dure du matin, il en finisse tout seul. Elle s'angoisse qu'il trouve dans ce chaos, dans cet effondrement qui l'assiège de toutes parts, une échappatoire qu'il pourrait appeler courage, une issue où se réfugier. Elle ne comprend pas, Élise, que les hommes comme Franck ne s'évaporent pas dans un geste vain, dans les baïnes d'une baignoire ou la rigueur clinique d'une corde au plafond. Ils ne choisissent pas le silence.

III
Épilogue

Voilà plusieurs semaines que j'ai quitté Franck et la maison de ses parents. Le livre ne se fera pas. Et Louise est partie.

Pas de fuite spectaculaire, ni de drame. Elle a juste énoncé le réel, avec ce calme qui dit l'essentiel, ce détachement qui vous fait comprendre que tout est déjà décidé, qu'il n'y a plus rien à discuter. En laissant derrière elle une odeur de linge propre et des silences bien pliés.

« Je m'en vais, Reda. »

J'ai mis une seconde avant de lever les yeux de mon clavier. Elle m'a regardé, ni aigre ni furieuse, même pas triste. Comme quelqu'un qui annonce la météo. Elle était assise là, sur un vieux fauteuil en tissu jaune, jambes croisées, la lumière de l'abat-jour IKEA glissant sur ses poignets doux, presque fragiles. J'ai répondu quelque chose de dérisoire comme « Pourquoi maintenant ? »

On s'enterrait. Ce livre que je n'écrirais jamais, c'était la preuve que je m'étais laissé engloutir par la routine, la mollesse, la peur du risque. « Tu renonces à tout, Reda. À nous, à toi, à tout. » Toujours selon elle, on ne vivait plus, on se contentait d'être là, côte à côte, sans passion ni projet, comme les plantes qu'on arrose par habitude. On ne partageait plus rien que des draps, des factures et des gosses.

« Non, je n'ai rencontré personne, puisque tu vas me poser la question. Mais je t'ai trompé. Une fois. »

Là, ma gorge s'est serrée, comme si la vie elle-même cherchait à m'étrangler. Louise ressentait cela, elle aussi. Vivre en apnée. Attendre qu'il se passe quelque chose. Quelque chose qui vous ramène à la surface, qui vous sauve. Depuis bien plus longtemps que moi. Alors elle a décidé de respirer sans demander la permission.

Les jours suivants, un peu en catastrophe, j'ai pris l'appartement qu'un ami m'a prêté à Paris. Une cage en hauteur, impersonnelle, fonctionnelle, avec vue sur rien. Depuis, je tourne en rond. Quelques bouteilles vides s'entassent, et moi avec. C'est flou, ça colle. Des journées entières à scruter le plafond, à écouter le lave-linge des voisins, à regarder le vide me rendre visite.

Il y a dix jours, c'est Mehdi qui a déboulé dans le studio. Personne ne sait ça. Je rentrais de soirée. La tête comme un sac plastique. L'alcool rend les pensées moins coupantes, mais gomme aussi les bords de la réalité. Ce soir-là je titube jusqu'au frigo, lumière blafarde, et là, bam, Mehdi. Planté au milieu de mon bazar. Comme s'il attendait depuis des heures.

Son cartable en cuir à la main, son veston à coudières, son sourire mi-amusé mi en miettes, tout y est. Il m'observe, l'air de dire : « Ah, c'est ça, la vie d'écrivain, maintenant ? Mon gars, c'est toi qui es en train de disparaître. »

« Reda, t'es sérieux avec ton histoire de Joséphine ? »

Il a lancé son reproche comme une Vache-qui-rit s'écrasant sur mon front. Je cligne des yeux. Mehdi dans ma kitchenette, c'est absurde. Je passe la main sur mon visage, je sens la sueur glacée. Je ne sais pas quoi répondre.

« Tu parles de *Mehdi est parti* ? Les audiences étaient excellentes, c'est quoi le problème ? »

Il lève les yeux au ciel, exaspéré. Un geste qui en dit long, genre ne fais pas le malin, je te connais trop bien, je suis sorti de ta tête, souviens-toi.

« Tu t'entends, là ? Franchement, tu trouves ça au niveau du moment historique, ta bluette ? »

Je cherche à me défendre, à justifier mes choix, mais tout sonne faux, même à mes propres oreilles. J'essaie de l'amadouer. C'est un sentimental, alors je tente un truc.

« C'est plus profond que ça, Mehdi. Tu sais pas ? Ça parle d'amour et de haine, d'émotions pures. C'est puissant, l'amour, c'est universel… »

Il m'interrompt avec un rire cassé. Ses yeux percent la pénombre de la cuisine, plus vifs que jamais.

« Ah ouais ? L'amour, c'est profond ? Arrête un peu. Tu me fais passer pour un ahuri. Et toi, t'as renoncé à tout, hein ? Les arabicides, c'est oublié. Ton livre sur Franck ? Ça sort pas. Et toi, t'es content de ta petite romance avec tes grosses audiences. »

Il marque une pause, comme pour mesurer à quel point il va aller trop loin :

« Je sais que tu m'as créé à ton image, mais… ça ne te dérange pas de ne jamais déranger personne ? »

Il a frappé dur, direct au visage, façon combat de MMA. Je me crispe. Mehdi, qui n'existe même pas, qui est juste né dans ma tête, me balance des vérités comme si j'étais son assistante attachée à une roue et cernée de lames. Le supplice n'est pas terminé. Je n'ai rien à dire d'important ? Je suis dans le renoncement comme tout le monde ? Je détourne les yeux, ramasse une canette vide sur la table basse, la fais tourner dans ma main. Est-ce que je la lui balance pour en finir ?

« On est obligés de faire ça maintenant ? Les leçons de morale à cinq heures du mat', vraiment ? Je vais me coucher. »

Je fais mine de tourner les talons, mais lui, imperturbable, continue, sa voix comme une porte qui claque dans la tranquillité que j'essaie de trouver.

« Va te coucher, ouais. J'espère que Norah viendra faire des manifs dans tes rêves, tiens. Et puis c'est quoi cette idée débile de me faire disparaître ? Je quitterais mon pays, moi, mais au nom de quoi ? Elle a raison, je suis chez moi ici, j'emmerde personne. Enfin, si, Eux. Et toi, si tu continues à me traiter comme ça ! »

Je me retourne. Sur son visage, la colère se superpose à quelque chose de vulnérable, une vérité que je n'arrive pas à saisir tout à fait. Et cela me déchire un peu.

« C'est moi qui suis odieux ? Non, mais attends, Mehdi. Je t'offre des aventures torrides, des scènes que la plupart des gens n'oseraient même pas imaginer. Et toi, tu me reproches quoi, exactement ? Je t'écris une vie bien plus intéressante que la mienne. En plus, France Inter signe pour une autre saison. Tu réalises ? Tu vas revenir ! Génial, non ? »

Il me regarde comme si je venais de dire la chose la plus stupide du monde. Je m'effondre sur le clic-clac, de toute façon toujours déplié. Il me fixe là, les bras croisés, dans un mélange de pitié et de réprobation. Le tic-tac de sa montre remplit les dix-sept mètres carrés. Puis, sans prévenir, il s'évapore. Juste comme ça. Comme s'il n'avait jamais été là. La lumière du frigo clignote un instant, avant de s'éteindre complètement. Je reste assis dans l'obscurité, ma bière vide à la main.

Les jours suivants, j'ai poursuivi le débat tout seul. Comme si Mehdi était encore là, à m'asticoter. *Qu'est-ce qu'il me reproche, au juste ?*

D'écrire à la légère ? Il faudrait que je me laisse happer par la morosité générale. M'enchaîner aux attentes d'une époque qui ne sait même plus ce qu'elle veut. Alors quoi, je devrais écrire des manifestes, descendre dans l'arène, pendant que les tribunes sont vides ? Porter l'étendard de batailles que plus personne ne mène ? N'écrire que sur ce qui est. Sur la douleur, la mienne de préférence, puisque l'époque n'est que douleur et assignation. Photocopier l'époque. Choisir l'image contre l'imaginaire.

Je devrais n'écrire que sur ceux qui se battent pour un monde meilleur ? Leur offrir toute la lumière, au lieu de la gaspiller ailleurs. Norah, l'héroïne idéale, ces gens qui pansent le réel pendant que tant d'autres le fracassent. Les gentils, les bons, les justes. Je pourrais.

Faire des livres qui réparent. Mieux : qui construisent. Je pourrais raconter les histoires des anonymes qui souffrent, des obscurs qui luttent, des dominés qui déplacent des montagnes invisibles. Une littérature d'utilité sociale ou de service public. Oui, je devrais.

Peut-être que la littérature devrait s'engager, sortir de ses pages pour aller au combat. Une espèce de conscience en surplomb, une voix qui se lève là où d'autres se taisent. Et si je préfère le chaos fécond où l'on ne vient pas chercher des vérités mais des nuances ? Et si je crois que la fiction est un souffle ? Un souffle que l'engagement empêche, aussi sûrement que l'espace rend impossible toute respiration, tout oxygène. Et si je revendique le droit inaliénable à la fuite ?

La littérature ne peut pas sauver le monde, elle ne peut sauver que ceux qui acceptent de se perdre en elle. Je fabrique des abîmes où l'on plonge sans savoir si l'on va toucher le fond ou s'élever. Moi, je fais juste en sorte que le sol ne soit jamais tout à fait stable. Je creuse des trous, des failles, des vertiges. Que les gens y tombent ou s'en échappent, cela les regarde. Mais, en disant cela, est-ce que j'y crois moi-même ?

Franck insiste pour me voir. Il cherche encore pourquoi le livre ne s'est pas fait, sûr de la fascination que lui et les siens exercent sur les journalistes, les éditeurs, tout le monde.

Je songe à lui donner rendez-vous dans le bar qui m'a servi de décor pour *Mehdi est parti*, un de ces troquets qui imitent le Paris populo, un bain de couleurs, d'odeurs, d'idées, où Franck détesterait siroter un vin bio. Je me ravise. Depuis des semaines, sa tête est dans tous les journaux. Je redoute qu'on nous reconnaisse.

Direction son lounge habituel, où sa chute n'a rien changé à la décoration ni à l'ambiance, hormis quelques regards en coin. Comme si sa disgrâce n'avait pas encore traversé ces murs. Il me demande des nouvelles de Louise et des enfants. Je n'aime toujours pas sa façon d'injecter de force de l'intimité entre nous, mais je lui réponds. Il s'agite, détaille les mises en examen, les juges d'instruction, les avocats qui vont le laisser sur la paille. Heureusement, un millionnaire ami, aux relations détestables avec la Présidente, lui donne un coup de main. Peut-être qu'ils lanceront un nouveau mouvement quand tout sera fini.

« Ils verront quand je sortirai des mines de sel », lâche Franck, qui joue l'homme debout.

Il vient d'être livré aux flics, à la presse, aux enfers, par son meilleur ami, avec la bénédiction d'une femme à laquelle il a consacré l'engagement de sa vie, et il continue. En face de moi, j'ai un junkie, la politique est une drogue dure. Il ne la lâchera que lorsque la mort le laissera sur le carreau pour de bon. C'est sa différence avec le commun des mortels, avec moi.

Lorsque tout a avorté, j'ai dit à Franck qu'il était trop sulfureux pour que le livre sorte. Annulé, canceled. La maison d'édition avait fait marche arrière en craignant un scandale incontrôlable et, tout bien pesé, mauvais pour le business. Mais Franck poursuit son idée, et ses nouveaux ennemis : il en est sûr, ce fils de pute d'éditeur a négocié l'exclusivité sur le premier livre de la Présidente – un événement –, en échange d'étouffer le sien.

Franck résume : « Je suis le dernier à me battre à l'ancienne, à mettre ma peau sur la table. Les gens normaux pensent que c'est un jeu, mais toi, tu serais prêt à tout sacrifier ? »

Je n'en sais rien, la question me fait juste penser à Louise et cela m'est insupportable. J'ose toutefois :

« Franck, pourquoi tu ne lâches pas l'affaire ? »

Il s'illumine d'un air inquiétant.

« Tu sais pourquoi les gens votent pour nous, Reda ?

– Non, enfin, si, contre tout : l'Europe, les immigrés, la fin des colonies, les cailleras, les radars, le prix du fioul ou des clopes, ou de la baguette, les politiciens, les végans anti-chasse, les animaux maltraités, les gosses à qui on peut plus foutre une gifle, la concurrence chinoise ou polonaise, les chômeurs, les patrons, leur jeunesse disparue, les jeunes d'aujourd'hui, le niveau qui baisse, les intellos, les violeurs qu'on voit à la télé, la fin des mains au cul...

– Ton affaire, là, c'est des histoires de sociologues. C'est pas faux, hein, mais c'est pas la raison essentielle. Quand les gens votent pour Trump, pour Bojo, Bolsonaro, Orban, avec leurs coupes de cheveux à la Joker, c'est comme quand ils votent pour nous. Ils votent pour le frisson. Ce truc unique que tu ressens après être passé dans l'isoloir, avoir mis notre bulletin dans l'enveloppe, quand tu le glisses dans l'urne. Ce frisson-là, aucun autre bulletin ne le procure. Et ce frisson-là, c'est moi. Donc ils peuvent aller se faire mettre avec leur respectabilité. »

Le mouvement peut bien prétendre avoir changé. Les victoires d'aujourd'hui, ce sont plusieurs générations de militants qui les ont patiemment conquises. Je ne sais pas si Franck a raison avec son histoire de frisson, je m'en fiche d'ailleurs. Je comprends pourquoi il tient tant à ce livre. Pour laisser une trace de ce qui a été, pour fixer cette histoire avant qu'elle soit réécrite par les vainqueurs. Ils gagneront, c'est maintenant inéluctable, mais ils ne l'effaceront pas. En cela, Franck et Mehdi se ressemblent étrangement : ce sont des hommes qui refusent de disparaître.

Je quitte le bar, je sais que je ne reverrai pas Franck. On se dit le contraire, évidemment. Je ne lui dis, surtout, pas la vraie raison. Pourquoi le livre ne se fera pas. Ce n'est pas l'éditeur. Aujourd'hui un éditeur, ça publie n'importe qui pourvu que ça fasse du fric, du bruit, du clic.

Je ne lui dis pas ce dimanche où, de passage à Paris, j'ai déjeuné chez mes parents. Je n'ai jamais parlé d'eux à Franck. Le roman personnel, c'est comme le roman national, on en efface qui on veut. Je ne les ai pas cachés par honte, ni rien du genre. Mais je ne voulais pas lui ressembler, même si mes parents ressemblent aux siens. Agent d'exploitation chez JCDecaux, conseillère principale d'éducation dans un collège. Le même pavillon, dans la petite couronne. Sans doute le même calendrier des Postes dans le vestibule. Ils avaient bien ri la fois où je leur avais proposé de les reloger à Biarritz, mais ils étaient fiers : cela marchait pour moi. Ils aimaient Louise, ils adorent les enfants.

Ce dimanche, il y a quelques semaines, donc, je suis redevenu leur petit garçon. Ma mère a préparé un couscous, c'est un cliché, mais rien ni personne ne peut l'en empêcher. Elle sent bien que cela va mal avec Louise, et espère recoller les morceaux avec du bouillon et de la semoule.

Mon père a acheté un baba au rhum, mon dessert préféré. Dans notre famille, c'est ça l'amour.

Au moment du café, mon père demande sur quoi je travaille. Une pièce, un roman ? Il s'intéresse toujours, il suit, même si parfois il ne comprend pas tout. « Elle était marrante, ton émission, cet été sur France Inter. » Alors je leur raconte Franck, le livre, ce projet qui, s'il me donne du fil à retordre, est un best-seller assuré.

Ce sont eux qui m'ont appris à ne rien négocier de ma liberté. Eux qui ont cultivé cette curiosité devenue mon identité. Devant ses amis, à la pétanque le samedi matin, il arrive encore à mon père de lancer, poète : « Nous, on a la tête en France et le cœur en Algérie. Ce petit, lui, a le cœur et la tête dans les étoiles. » Ma mère fait mine d'être choquée quand je parle trop crûment de sexe, mais quand je lui manque, elle aime rire sur le canapé, un de mes livres dans une main, une tablette de cacao dans l'autre.

Bien sûr, j'ai épousé quelques-unes de leurs croyances. Pour eux, j'ai vénéré le dieu École, comme les Romains célébraient les lupercales, les volturnales ou les furies, me rendant chaque matin au temple, endormi et chocolaté, échanger ma piété sincère contre les meilleures notes.

Grâce à eux, j'ai cru dès l'enfance au pouvoir magique des livres, à cette possibilité inouïe qu'ils offrent d'agrandir l'existence, cet infini qui se reflétait chaque mercredi dans les yeux de mon père à la bibliothèque municipale. Les livres te donneront une vie plus grande que la nôtre, un monde plus vaste que notre monde.

Comme eux, j'ai cru – le croient-ils encore ? – que ce pays auquel ils avaient, sans jamais se poser de questions, donné tant d'amour, ne pourrait jamais leur retirer le sien. Nous effacer de son amour.

Ce dimanche-là, dans le salon-salle à manger du pavillon, ma mère ne prononce pas un mot, mon père ne hausse pas un sourcil. Mais je vois pour la première fois leur regard se couvrir d'un voile imperceptible, un voile qui semble bien trop fin pour séparer le bien du mal.

À Franck, je n'ai pas voulu raconter ce jour, le seul, où mon père et ma mère ont eu honte.

Ce regard qui ressemble soudain à une feuille qu'on déchire du bout des doigts. On n'écrit rien sur une feuille qui se déchire et pourtant c'est cela notre histoire, l'histoire d'une déchirure. Un jour, peut-être, je dirai les mille lambeaux de nous, les jambes écorchées de mille chagrins, je dirai le gouffre qui s'ouvre soudain sous les pieds, le souffle coupé de celui qui, en son pays, n'est plus le bienvenu.

Je suis français, je suis perdu.

Cet ouvrage a été imprimé en France par
CPI Bussière
Z.I. rue Pelletier Doisy
18200 Saint-Amand-Montrond (France)

pour le compte des Éditions Fayard
13 rue du Montparnasse, 75006 Paris en
décembre 2024
info-fayard@editions-fayard.fr

Photocomposition Belle Page

PAPIER CERTIFIÉ

fayard s'engage pour
l'environnement en réduisant
l'empreinte carbone de ses livres.
Celle de cet exemplaire est de :
450 g éq. CO_2
Rendez-vous sur
www.fayard-durable.fr

N° d'édition : 71-6062-6/01 - N° d'impression : 2080623